*Euthanasia and Physician-assisted Suicide
in Common Law, Civil Law and Benelux Countries*

Ed. and Transl. Katsunori Kai

海外の安楽死・自殺幇助と法

甲斐克則 編訳

慶應義塾大学出版会

目　次

第1部　英米法圏国家の状況

アメリカ合衆国の状況 ──

第1章　アメリカ合衆国における自殺幇助と法の支配 ……3
　　　　　　　　　　カール・F・グッドマン／甲斐克則（訳）

- I. 延命拒否権としての「死ぬ権利」と医師による自殺幇助の権利との相違　(3)
- II. 憲法上自殺幇助の権利はない　(5)
- III. インフォームド・コンセントおよび「身体の統合性」の権利と治療拒否権　(5)
- IV. アメリカ合衆国憲法は自殺幇助の権利を創出しない　(9)
- V. 自殺幇助罪の成否と陪審員の判断　(12)
- VI. 州政府による自殺幇助法の立法化動向――オレゴン州の場合　(14)

英国の状況 ──

第2章　英国における終末期の意思決定 ……17
　　　　　　　　　　シーラ・マクリーン／甲斐克則・新谷一朗（訳）

- I. 序　(17)
- II. 決定無能力者に対する意思決定　(17)
- III. 終末期の意思決定と決定能力ある患者　(21)
- IV. 結語　(24)

第3章　自殺幇助に関するインフォーマルな法の変容 ……25
　　　── 検察官のための指針 ──
　　　　　　　　　　ペニー・ルイス／甲斐克則（監訳）／福山好典・天田悠（訳）

- I. 序　(25)

  II. 自殺ツーリズムに関する指針か，それとも自殺幇助一般に関する指針か？　(28)
  III. 意見募集　(30)
  IV. 規制なき枠組み　(32)
  V. 被害者の症状　(33)
  VI. 組織または専門職者による自殺幇助　(39)
  VII. 不承不承の被疑者　(44)
  VIII. 自殺幇助に関する法の変容　(45)
  IX. 結　語　(47)

オーストラリアの状況 ──

第4章　安楽死・自殺幇助と法 ……………………………………49
── 比較法的アプローチ ──

ジョージ・ムスラーキス／甲斐克則（訳）

  I. 序　(49)
  II. 予備的な定義　(50)
  III. 安楽死と法の道徳的限界　(51)
  IV. 安楽死とオランダ法における医学上の緊急避難の抗弁の発展　(55)
  V. 安楽死に対するノーザン・テリトリーのアプローチ　(62)
  VI. これからの途──安楽死問題に関する合意獲得　(66)

第2部　大陸法圏国家の状況

ドイツの状況 ──

第5章　臨死介助の刑法上の問題性 ……………………………………71

ハロー・オットー／甲斐克則・久藤克子（訳）

  I. 概念的描写　(71)
  II. 生命短縮を伴わない臨死介助　(72)
  III. 消極的臨死介助　(75)
  IV. 積極的臨死介助　(80)

第6章　ドイツにおける臨死介助および自殺幇助の権利 ……… 83

ヘニング・ローゼナウ／甲斐克則・福山好典（訳）

　I.　臨死介助の伝統的形式　(83)
　II.　臨死介助の再編　(88)
　III.　結　語　(101)

フランスの状況 ──

第7章　フランス法における安楽死 ……… 103

クリスティアン・ビック／柿本佳美（訳）・甲斐克則（補正）

　I.　自らの死を再び自分のものとすることを人に許容すること　(104)
　II.　否定された安楽死への権利　(111)

第3部　ベネルクス3国の状況

オランダ・ベルギーの状況 ──

第8章　オランダとベルギーにおける安楽死と医師による自殺幇助 ……… 123

アグネス・ヴァン・デル・ハイデ／甲斐克則・福山好典（訳）

　I.　はじめに　(123)
　II.　オランダとベルギーの法制度　(123)
　III.　オランダとベルギーにおける安楽死の実践　(127)
　IV.　結　語　(135)

ヨーロッパ全体・ベルギーの状況 ──

第9章　安楽死 ……… 137

── ヨーロッパおよびベルギーにおけるスタンスと実務 ──

リュック・デリエンス／甲斐克則・福山好典・天田悠（訳）

　I.　はじめに　(137)

- II. 安楽死へのスタンスに関するヨーロッパの展開 （137）
- III. 2002 年にオランダとベルギーにおいて施行された安楽死法 （143）
- IV. ベルギーにおける届け出られた安楽死事例からみた安楽死に関する医療慣行 （144）
- V. ベルギー・フランダースにおける医師への大規模調査からみた安楽死およびその他の終末期の意思決定に関する医療慣行 （148）
- VI. 社会的弱者グループにおける安楽死の利用 （151）

ルクセンブルクの状況 ──

第10章 ルクセンブルクにおける臨死介助 ……………… 155
── 新法の成立過程，解釈および実務 ──

シュテファン・ブラウム／甲斐克則・天田悠（訳）

- I. 成立過程 （155）
- II. ルクセンブルクにおける安楽死と緩和医療の法的メルクマール （157）
- III. 適用時に起こりうる問題 （163）
- IV. 国家管理・評価委員会 （164）

編訳者解説・あとがき ……………………………………………… 167

甲斐克則

事項索引 （176）

初出一覧 （184）

編訳者・共訳者紹介 （185）

著者紹介 （186）

第 1 部

英米法圏国家の状況

アメリカ合衆国における
自殺幇助と法の支配

カール・F・グッドマン[1]
甲斐克則（訳）

I. 延命拒否権としての「死ぬ権利」と医師による自殺幇助の権利との相違

　近年，アメリカ合衆国において，自殺幇助の問題は，法的および政治的議論のメジャーな主題として持ち上がってきている。スローガン・ライターたちは，アメリカ合衆国連邦最高裁判所〔以下「連邦最高裁」と略記する。：訳者〕の人工妊娠中絶に関する諸判決によって示された「生きる権利 (right to life)」に対比されるものとして，簡潔ではあるが不適切な「死ぬ権利 (right to die)」というスローガンを新造した。しかし，連邦最高裁が自殺幇助について扱う以前に，2つのケース[2]において，レーンキスト (Rehnquist) 裁判長が弁論（1997年1月8日）を通じて言及したように，提起されている問題は，単に死ぬことを選ぶ個人の権利などではなく，むしろ「彼らがそうするために医師からの援助を望むことこそが問題なのであり，それこそが，われわれが議論しているものなのである[3]。」。

---

1) 元広島大学法学部教授（英米法），執筆当時，ニューヨーク州およびコロンビア特別区弁護士会会員。
2) Washington, et. al. v. Glucksburg, No. 96-110; Vacco v. Quill, No. 95-1858.
3) Washington Post, p. A17 col., 1/9/97.

医師による自殺幇助（physician assisted suicide）の問題は，感情論が先走りがちで，また典型的な「リベラル」と「コンサヴァティヴ」の境界線がぼやける問題でもある。一方で，アメリカ合衆国憲法〔以下「合衆国憲法」または「連邦憲法」と略記する。：訳者〕修正第 14 条における「自由」という利益概念が，とりわけその人が末期の病状で苦痛にさいなまれているような場合には，その人自身の身体に対する自由にまで拡大されるべきであると論じることは，リベラルである，と考えられるかもしれない。他方，コンサヴァティヴな人々は，国家による干渉を受けるよりも，むしろ家族によって処遇されるべきだという家族の決定を認める伝統的な保守的利益を理由として，自殺幇助の「権利」を承認することに好意的な主張をするであろう。また他方，「リベラルな」見解は，経済その他の利益に関して，障害者，高齢者，精神遅滞者，および社会が背を向けるような人々に関心を有するものとみなされるかもしれない。このような少数派の「階層の人たち」を保護するために，リベラルな人々は，医師による自殺幇助は禁止されるべきだ，と主張するであろう。私がこれから論じようとしている 2 つのケース，すなわち，ワシントン（Washington）事件とヴァッコー（Vacco）事件が弁論されていたときに，連邦最高裁の外で行われた最大級の集会は，裁判所に対して自殺幇助の憲法上の権利を認めないようにと主張している「Not Dead Yet」と呼ばれるグループに属する障害者によるデモンストレーションであった。

　自殺幇助によって暗示される社会的な問題は，歴史，宗教，倫理的関心事，および現代医学の奇跡が延命という名の下に望まない疼痛と苦痛を惹き起こす副作用を有するかもしれないということに関する，高齢者層から高まってくる関心事によって影響を受ける。それらは，重要な関心事であり，またその事件の法的決定に影響を及ぼすための方法を見いだす。より形式的な法的基盤によれば，連邦政府と州政府との間の政治的権限の分配の問題，合衆国憲法修正第 14 条の射程範囲の問題，そして選挙で選出された立法者（もしくは投票する公衆自身）と高潔な連邦最高裁裁判官をも含む任命された裁判官との間の，民主主義における権能と責任の適正な分配の問題がある。

II. 憲法上自殺幇助の権利はない

1997年6月に，連邦最高裁は，ワシントン（グラックスバーグ）事件判決[4]（Washington v. Glucksburg）とヴァッコー（クゥイル）事件判決[5]（Vacco v. Quill）という2つの判決において，合衆国憲法上，自殺幇助の権利は存在しない，と判示した。

医師による自殺幇助についての憲法上の議論は，自殺幇助のコンテキストにおいて示された2つの憲法理論間の違いを理解することから始まる。第1は，自由・適正手続（liberty/due process）の議論であり，第2は，平等保護（equal protection）の議論である。それらは，いくつかの点で交錯するが，それぞれに独自のルーツがある。自由論は，2つの異なったケースの方向で支持されている。1つ目は，治療を拒否する権利を含むものであり，それについての最初のケースはクルーザン事件判決[6]（Cruzan v. Missouri）である。2つ目は，身体の統合性（bodily integrity）への権利を含む。後者の諸ケースは，ロウ事件判決[7]（Roe v. Wade）で認められた権利の中にその源を見いだしている。

III. インフォームド・コンセントおよび「身体の統合性」の権利と治療拒否権

クルーザン事件は，自殺幇助の問題に酷似している。クルーザン事件においては，意思能力を有する成人に救命治療の拒否を認めていたミズーリ州が，決定能力を有する成人のこのような治療拒否の決定は「明白かつ説得力ある」証拠（"clear and convincing" evidence）により確定されるべきだと要求することによってその権利を制限することができるのか，ということが問題であった。ナンシー・クルーザンがかつてルームメイトに，植物状態で生きていたくない，と語っていたということだけで，ミズーリ州に対して救命器具を停止させるのに十分だという主張をする者たちは，合衆国憲法修正第14条の自由の利益の下

---

4) 117 S. Ct. 2258 (1997).
5) 117 S. Ct. 2293 (1997).
6) 497 U. S. 261 (1990).
7) 410 U. S. 113 (1973).

に治療拒否権が具現化されており，ミズーリ州は証拠法則によってその権利を制限することができない，と主張した。要求されたこの自由という利益の源は，コモン・ローであった。

　コモン・ローでは，各人には自己の身体に触れさせない権利があり，単なる接触行為だけでも殴打の罪（battery）を構成した[8]。社会の中の他の者と同様に，医師も，自己の患者に対して殴打の罪を犯す権利を有していなかった。自己の人格に基づいて，暴行殴打（assault and battery）から逃れることができるこの権利こそ，医療の世界における「インフォームド・コンセント（informed consent）」についてのコモン・ロー上の権利を生じさせたところのものであった[9]。こうして，コモン・ローは，長きにわたって，意思決定能力を有する成人が，インフォームド・コンセントの原理の下で，治療を拒否する「権利」，および医師が個人の身体に対する一定の侵襲的な処置を施すにまかせるのを拒否する「権利」があることを認めてきた。この「権利」は，救命治療ないし延命治療の受入れを拒否することに関する問題を決定するのに，合衆国における多くの裁判所によって利用された。言うまでもなく，ほとんどのケースは，当該疾患が彼らの意思決定能力を徐々に弱めてきたという理由からか[10]，もしくは年齢的な

---

8)　殴打の罪から逃れることのできる個人の権利は，そのルーツを土地に関するコモン・ロー上の法則の中に見いだすことができるかもしれない。土地所有者は，「区画（close）」，すなわち彼の財産の境界線の保護に対する権利を持っていて，許可なくその区画に立ち入ることは，不法侵入（trespass）を犯したものとされた。身体的な保護に対する個人の権利に関するコモン・ロー上の諸法則は，彼または彼女の身体の周囲の「区画」に対する個人の権利にまで遡ることができる。かくして，殴打の罪は，この個人的区画に対する不法侵入とされたのであり，したがってこの罪は，古来の不法侵入訴訟（writ of trespass）に最も近い。

9)　「成人で健全な精神を持つ者は誰でも，自己の身体に対して何がなされるべきかを決定する権利を有しており，患者の承諾なしに手術を行う外科医は，暴行（assault）を犯すことになり，彼はその損害について責任を負う。」Schloendorff v. Society of New York Hospital, 211 N. Y. 125, 129-130（1914））。シュレンドルフ（Schloendorff）事件判決は，アメリカ合衆国ではじめての法律学者裁判官の1人であったカードゾー（Cardozo）裁判官（のちの連邦最高裁のカードゾー裁判官）によって書かれた。

10)　最もわかりやすい例は，昏睡状態にある患者である。

考慮等という理由からか¹¹⁾，当該人物がもはや意思決定能力を有しなくなったときに発生した。また，合衆国において現存する連邦政府制のゆえに，これらのケースは，州裁判所のレベルで発生した。州裁判所は，「インフォームド・コンセントの権利」を認める一方で，様々な州裁判所が，本人が決定能力を有するときに個人の希望を確定するという問題に異なる方法で取り組んだ。クルーザン事件判決は，この問題を合衆国憲法のレベルで表現したのである。

　ナンシー・クルーザン事件において，連邦最高裁は，インフォームド・コンセントについてのコモン・ロー上の権利を認めた。しかしながら，コモン・ロー上の権利を認めることは，〔国家の〕干渉から免れるという憲法上の自由の利益を認めることとは違っていた。連邦最高裁は，インフォームド・コンセントのケースおよびその他の一定のケース¹²⁾のロジックが「そのような自由の利益を包含するであろう」ということを認めたにもかかわらず，クルーザン事件においては，そのような自由の利益を明確に認めることを拒否した。なぜならば，「そのような治療の拒否に関わる劇的な結論は，その利益の剥奪が憲法上許容可能かどうかについての調査に情報を与えるであろう¹³⁾。」からであった。その代わり，「この事件については，……合衆国憲法は，決定能力を有する者に対して，救命のための水分および栄養分の補給を拒否する憲法上保護された権利を認めるであろう，と当然考えた¹⁴⁾。」。

　確固としたものではないが，そのような権利が存在したという推定に基づい

---

11) 未成年者を保護するための州のパレンス・パトリエ（parens patriae）としての権利を理由として，州は，年齢のゆえに情報提供を受けたうえでの判断ができない未成年者の生命を救助するために，救命治療が行われるよう要求すべく干渉してもよい。いくつかの事件では，未成年者の生命を保護する州の権利は，両親の希望に優越するほどに大きなものなのである。
12) 連邦最高裁は，ハーパー事件判決（Washington v. Harper, 494 US 210（1990））（「承諾のない者の身体への医薬品の強制的な注射は，その者の自由に対する実質的な干渉である。」と述べている），ジョーンズ事件判決（Vitek v. Jones, 445 US 480（1980））（強制的な行動修正治療を伴う病院への移送は自由の利益に「関係する」ものとされた），およびパーラム事件判決（Parham v. J. R., 442 US 584（1979））（「成人と同様，子どもも，治療について不必要に拘束されないという実体的な自由の利益を持っている。」と述べている）に言及した。
13) 497 US at 279.
14) Ibid.

て[15]。そのあとで、連邦最高裁は、推定される権利に依存する者は、その推定された権利が問題となっている個人がその権利を行使し治療を拒否することを望んでいるという「明白かつ説得力ある証拠」によって証明すべきだということを要求することで、その「権利」に対して手続上の制限を課すことができるほどミズーリ州の利益が十分に強固なものかどうか、という問題について熟考した。「明白かつ説得力ある証拠」は、刑事事件で要求される「合理的な疑いを超える（beyond a reasonable doubt）」という水準ほどに高いレベルが要求されるものではないけれども、典型的な民事事件で要求されるよりも高度な水準の証明である。換言すれば、ミズーリ州は、（ナンシー・クルーザン自身は深昏睡状態で自らの希望を表明することができないので）彼女の代理人が、本人が生命維持治療の拒否を望んでいることをより高度なこの水準によって証明すべきだ、と要求できたのである。連邦最高裁は、憲法が州によるそのような規則を禁止していない、と判断し、より高度なこの証拠水準を要求するミズーリ州の権利を支持したのである。

　自由に関するケースの2つ目の方向は、「そっとしておかれる権利（right to be left alone）」の原理にルーツを有する。その原理の下では、個人は、一定の基本的権利をもって政府の干渉から自由になる権利を有する。これらの権利の中には、本人の家族および親子関係についての基本的な決定を行う権利が含まれており、また身体の統合性に関する権利も含まれている[16]。人工妊娠中絶に関するケースは、この権利によって基礎づけられている。自己の生存を終結させるのに幇助を受けることが末期状態の患者の自由権に含まれるという考え方の支持者もまた、この理由づけの根拠をこうした考え方に置いている。

---

15) コンパッション・イン・ダイイング（Compassion in Dying）事件とヴァッコー（Vacco）事件における口頭弁論で、弁護団のうちの1人が、憲法上の自由の利益を確立したものとしてクルーザン事件判決に言及したが、連邦最高裁の何人かのメンバーは、すぐに彼らの考えのこのような拡張を修正することになり、そして弁護団は、クルーザン事件判決が単にその権利の推定を意味するにすぎなかったことに即座に同意した。
16) この「権利」についての最も包括的な言明は、ケイシー事件判決（Planned Parenthood v. Casey, 505 US 833（1992））の中に見いだされる。

IV. アメリカ合衆国憲法は自殺幇助の権利を創出しない

1 自由権と自殺幇助の権利

　グラックスバーグ事件判決において，連邦最高裁は，自殺幇助に関するかぎり自由の利益概念を否定した。連邦最高裁は，クルーザン事件判決を否定したわけではなく，クルーザン事件判決は自殺に際して他人を幇助するという問題には適用されない，と判示しただけなのである。

　自由利益論を否定するにあたって，連邦最高裁は，歴史について調査し，「700年間にわたって英米のコモン・ローの伝統は自殺と自殺幇助の両方を処罰してきた。さもなくば，認めてこなかった。」と述べた。結果として連邦最高裁は，次のように結論づけた。

　「この国における自殺幇助の法律の取扱いの歴史は，ずっと，自殺幇助を認めようとするほとんどすべての努力の否定の歴史であったし，現在もなおそうである。本件もそう言えるのであって，われわれの決定も，主張されている自殺幇助の『権利』は，デュー・プロセス条項 (due process clause) によって保護された基本的な自由の利益ではない，と結論づけざるをえない。」(117 S. Ct. at 2271)。

2 平等保護論と自殺幇助の権利

　平等保護論の潮流は，生命維持装置によって生かされている末期の疾患患者およびそのような装置がなくてもその生命を持続することができる末期の疾患患者は，それぞれ死の扉のすぐ前におり，その身体を支配している末期の疾患によってまもなく死ぬのだから，同様の状況に置かれている，という立場を想定している。末期の疾患患者は，生命維持装置を撤去してもらう権利を有し，またそれゆえ自己の死期を早める権利を有し，また実際上も医師に栄養補給チューブやその他の生命維持装置を撤去してもらう権利がある。そのチューブを撤去するに際しての医師によるこの「行為」は，死をもたらすであろう。その議論は，次のようになる。すなわち，チューブや装置によって生かされている末期の疾患患者に対して，医師にそのチューブを撤去することを援助してもらい，そしてそれによって死に致らすことを認めるが，しかし生命維持装置に

つながれていない末期の疾患患者に対しては，死に致らす援助を医師にしてもらう権利を否定することは，生命維持装置に依存しているもう一方の患者が得ることができる医師の援助を，生命維持装置に依存していない患者については否定するということであり，かくして，生命維持治療を受けていない患者に対しては，生命維持治療に依存している患者には認められるのと同じ法的保護を否定することになる。かくして，その議論は，生命維持治療を受けていない患者は法律による平等の保護を否定される，という結論に至るのである。

　この平等保護論に反対する者たちは，生命維持治療を受けている末期の疾患患者と生命維持治療を受けていない末期の疾患患者は同じ立場に置かれているのではない，と指摘する。彼らは，患者には治療を拒否するインフォームド・コンセントの権利があり，したがって装置につながれ続けることを拒否することができる，と主張する。そのような選択をすることにより，そのチューブが撤去される末期の疾患患者は，もしインフォームド・コンセントがなされていたならば生存への人工的な援助を受け入れないという決定をしていたであろう状況と同じ状況に置かれることになる。きわめて注目すべきことに，こうした考え方の支持者は，病理（pathology）によって原疾患が死をもたらす生命維持装置の撤去と違い，医師による自殺幇助は原疾患とは無関係の病理によって死がもたらされる，と主張する。あるケースにおいては，「自然の成り行きを辿り」，その成り行きの結果，自然なまま死に至る。別のケースでは，それ自体死を惹起する手段や疾患をその成り行きにまかせることは許されず，むしろそれ自体死を惹起するような一定の外部的器具が用いられているのである。平等保護論の反対者も，死をもたらす救命装置の撤去について何も「自然なもの」はなく，また実際，患者に対する「インフォームド・コンセント」なしにそのような救命装置を撤去した医師が殺人罪で有罪となるであろう，というような反論をすることはなかった[17]。

　クゥイル事件判決において，連邦最高裁は，平等保護論を否定した。生命維持治療を拒否することは自殺を犯す者を幇助することと単純に同じだと言えな

---

17)　第 2 巡回裁判所（the Second Circuit）は，生命維持（装置）が撤去された場合，典型的な死因は脱水症状か呼吸困難であり，当該疾患の病理ではないとする「自然的原因」論を拒否していた。80 F 3d at 729.

い，と認定したのである。

　連邦最高裁もまた，自殺幇助を禁止している州法が正当な政府の利益と合理的に関連するのかどうか，という問題について検討した。連邦最高裁は，そこに合理的関連性がある，と認定した。利益の中には，人の生命を維持することについての州の利益，すなわち医プロフェッションの高潔性と倫理を保護することについての州の利益，そして最後に，社会における弱者グループを保護することについての州の利益が含まれていた。この最後の利益は，以下のように記した連邦最高裁の判示と特別に関連があるように思われる。

　「ここでの州の利益は，強制から弱者を保護することにとどまらない。それは，偏見，否定的で不正確な固定観念，および『社会的な無関心』から身体障害者や精神病者を保護することにまで及ぶ……。州による自殺幇助の禁止は，末期の疾患患者，身体障害者，そして高齢者の生命が，若くて健康な者の生命と同様に価値があるはずであり，重篤な身体障害者の自殺の衝動も他の者と同様に解釈され，取り扱われるべきである，という政策を反映するものであり，またそれを強化するものである。」(117. Ct. 2273)。

　最後に，連邦最高裁は，「自殺幇助を認めれば，任意的安楽死，そしておそらくは非任意的ですらある安楽死への道を下り始めるであろうことを州は恐れるかもしれない。」という点に関心を抱いていた。連邦最高裁は，もし自殺幇助が，末期の疾患患者や苦痛のある者に限らず，落胆しているかどうかにかかわらず，万人に属する憲法上保護された権利だとすると，政府の規制なしにすべての者が自殺幇助の権利を持つかもしれない，ということを憂慮しているように思われる。

　連邦最高裁の諸判決の核心にあったと私が考えているのは，これらの関心事である。

　こうした基本的な社会問題の解決を裁判所に求めるべきであるというのは，アメリカ的な現象である。連邦最高裁は，自殺幇助の憲法上の権利を否定することによって，政治過程を通じた州による解決のための問題を残したままにしている。特別な社会政策が法律として制定されるべきかどうかを決定するに際して，政策的考慮に重きを置かねばならない立法者とは違い，裁判所は，諸問題へのアプローチにおいて，より制限されている。連邦最高裁の前にある問題

は，裁判官の大多数が，末期の疾患患者にその生命を終結させる目的で医師の幇助を受けることを認めるのが良き社会政策であると考えているかどうかではなく，合衆国憲法が，すべての自殺幇助は禁止されるべきだという政策決定をすることを州に禁止しているかどうか，であった。一種の超法規的なものとして社会政策を作ることは，選挙で選出されたわけではない裁判所の仕事ではない。むしろ，裁判所は，法律が憲法に違反するか，それとも合致するかを決定するに際して，法的諸原理と判例を適用しなければならない。そうするにあたって，裁判所は，将来の政策に関して憲法の解釈が持つかもしれない可能性をつねに知っていなければならないのである。

V. 自殺幇助罪の成否と陪審員の判断

　自殺幇助論議は，州法の問題として始まり，現在では連邦最高裁が自殺幇助についての連邦憲法上の権利が存在しないことを支持し，自殺幇助の問題は，ほとんど州レベルで解決されようとしている。自殺幇助の問題は，ミシガン州の病理学者ジャック・ケヴォーキアン医師（Dr. Jack Kevorkian）の活動によって法的思考の最前線に押し出された。彼は，患者が使用可能な，死をもたらす効果のある一酸化炭素を投与するための装置を考案したのである。ミシガン州では，自殺したいと願う者に対してそれを幇助することが罪になるという特別な制定法がなかった。ケヴォーキアン医師の装置とその作用が知られるようになったそのすぐあとで，州の立法府は，自殺幇助を犯罪とする法律を制定した。しかし，こうした行動も，ケヴォーキアン医師に歯止めをかけることにはならなかった。結果として地方郡検事[18]（local county prosecutor）がケヴォーキアン医師に対する起訴状を取ったが，ケヴォーキアン医師は，陪審による裁判を受ける憲法上の権利に依拠して，起訴について陪審裁判を要求した。おそらく，それに続く刑事裁判における証拠のうち，唯一の最も重要な要素は，自殺者本人のビデオテープに録画されたインタヴューであった。そのインタヴューの中で，その人は，自殺を犯す者が経験する生活の質（quality of life）や苦痛よりも死の

18）　ミシガン州では，大多数の州と同様，州の犯罪に対する訴追［権限］は，地方検察官に与えられている。それらの地方検察官は，選挙で選出された公務員である。

方がましであることを明らかにした。同様に重要であったのは，ケヴォーキアン医師の抗弁で証言した，自殺者の家族による証言であった。抗弁の基礎にあったのは，ケヴォーキアン医師は単に患者の苦痛を終わらせることを幇助したにすぎず，また死は最終的な，実際に期待された「治療」の結果であった一方で，「装置」の使用の目的は苦痛を終わらせることであった，ということであった。この「二重の結果（dual effect）」に関する議論は，多くの州で認められてきた。かくして，ニューヨーク州は，苦痛を減少させる目的で行われる苦痛緩和治療が副作用として死のプロセスを早めるかもしれないようなケースにおいて，医師を訴追しないことを口頭弁論で認めたのである。この二重の結果は，苦痛緩和治療が関係し，その治療の目的が死を惹き起こすことではなく苦痛を取り除くことである場合には認められ，明確に許容される。その「二重の結果」概念は，医プロフェッションによっても認められている。アメリカ医師会（American Medical Assosiation）の法定助言者による意見書（amicus brief）は，次のように記している。「『医師には，ケアに際して死にゆく患者の疼痛および苦痛を取り除き，また尊厳と自律を高める義務があり』，また意義深いことに，この義務には『たとえ死期を早めることが予見可能であっても，緩和治療（palliative treatment）を提供することが含まれている。』ということを，この2・20の意見〔アメリカ医師会の医の倫理綱領2・20条の意見のこと：訳者〕は明確に認めている[19]。」。ミシガン州は，ケヴォーキアン医師が使用した媒介物である一酸化炭素が，承認された薬品ではなく，また二重の結果のケースとは違い，一酸化炭素の投与は1つの目的しか持たず，またその効果は死をもたらすことである，と論じた。陪審による審理ののち，ケヴォーキアン医師は，無罪と評決された。他の「自殺幇助」について，さらに2件の審理が行われ，いずれのケースにおいても陪審は，ケヴォーキアン医師を無罪と評決した。すべてのケースは，同じ郡で審理され，また同じ検察官によって起訴された。

　政治の最前線において，自殺幇助論議における潜在的に重要な2つの出来事がミシガン州で起きた。第1は，1996年11月の選挙で，ケヴォーキアン医師を起訴した検察官が再選の企てに破れ，新たに選出された検察官は，その郡の

---

[19]　Vacco v. Quill, brief of AMA pg. 4. 二重の結果を認める一方で，アメリカ医師会（AMA）は，医師による自殺幇助の権利には反対している。

ケヴォーキアン医師に対する未解決のあらゆる起訴を取り下げた。第2は, ケヴォーキアン医師の弁護士が, ごく最近, ミシガン州で知事に立候補するよう民主党から推薦を受けたのである。

連邦最高裁の弁論で「人工妊娠中絶」について言及されることがほとんどなく, またワシントン事件およびヴァッコー事件の判決でも言及されなかったとはいえ, 人工妊娠中絶論議がアメリカ合衆国で自殺幇助のケースにおける決定に対して影響を持っていたことは明らかである。人工妊娠中絶についての経験は, アメリカの政治において, また合衆国の社会構造において, 最も不和を生じさせる問題の1つとして扱われてきた。それによって, 連邦最高裁は脚光を浴び, また政治的論議の中心に押し出されてきた。人工妊娠中絶を許容するかどうかについての問題は, 州が決定しなかったので, 連邦最高裁の人工妊娠中絶判例に反対する多くの者たちは, 投票を通じて意見を表明できる民主的な権利が否定されている, と感じ, また政治的に不満を感じている。医師による自殺幇助も, 同様に熱く議論されており, 不和を生じさせる問題となる可能性を有している。明らかに, 連邦最高裁は, 問題の背後にある感情や, その問題について考えている少なくとも数名の裁判官に及ぼしたであろう連邦最高裁の慣例への影響に気づいていたのである。

VI. 州政府による自殺幇助法の立法化動向 —— オレゴン州の場合

連邦最高裁で目下審議中のケースは, ワシントン州とニューヨーク州から送られてきたものである。ワシントン州では, 医師による自殺幇助を認めることを州に要求していた住民投票で, その支持者が僅差で破れていた。ワシントン州の南隣のオレゴン州では, 医師による自殺幇助を認める支持者が住民投票を僅差で通過させていた。平等保護法の奇妙な誤用のように思われる点について, オレゴン州地方裁判所は, 末期の疾患患者に対する平等保護を否定するものだという理由で, オレゴン州の住民投票を拒絶した[20]。ワシントン州のケースでは, 控訴審で[21], 裁判所は, 以下のように述べた。「末期の疾患患者から奪われ

---

20) Lee v. Oregon, 891 F. Supp. 1429 (D. Oregon, 1995).
21) Compassion in Dying v. Washington, 79 F. 3d. 790 (9th Cir. 1996).

ていたとオレゴン州地方裁判所が考えたベネフィット（benefit）は，末期の疾患患者も含めて何びとに対しても，医療的援助やその他の何かを提供することで，その生命を終結させることを幇助することは，医師をも含めて何びとにとっても犯罪となる，というオレゴン州法上の禁止である。……本件で末期の疾患患者が受ける資格があるとわれわれが結論づけるベネフィットは，医師による自殺幇助の権利であり，正確にはホーガン（Hogan）裁判官が，負担（burden）でありそれゆえに不法であると決定したところのものである。要するに，［オレゴン州の］リー事件判決（Lee v. Oregon）では，負担をベネフィットとして扱い，ベネフィットを負担として扱っている。そうするにあたって，ホーガン裁判官は，明らかに間違いを犯した。」と。リー事件判決は，第9巡回裁判所で破棄されたが，それは本質的な理由によるものではなかった。むしろ第9巡回裁判所は，リー事件判決における原告には問題を提起する地位が欠けている，と判示したのである。連邦最高裁は，新たな住民投票が行われるまでのほんの数カ月間しかオレゴン州の住民投票法は有効ではなかったということを理由として，リー事件判決の上訴を棄却した。ワシントン事件とヴァッコー事件に判決が下されてからのち，オレゴン州の有権者たちは新たな自殺幇助法（assisted suicide law）を圧倒的多数で承認し，現在その法律は，オレゴン州において発効している。

　オレゴン州の有権者たちが自殺幇助法に賛成の投票をした一方で，治療に関する処方箋を書く医師の権利に関して権限を持つワシントン州の政府官僚たちは，自殺幇助が好ましくない，という決定を下した。彼らは，オレゴン州で自殺幇助を行ったあらゆる医師の薬品の処方箋を書く特権を剥奪する，と威嚇した。最近，連邦政府は，この官僚の命令を破棄し，現在ではオレゴン州の医師たちは，オレゴン州法によって制定された制定法上の枠組みに従うという条件で，自殺を幇助することが自由になっている。かくして，自殺幇助の土俵では，政治過程が作用していることが明らかになる。われわれは，他の諸州が，どのような方向に進んでいくかを決める前に，オレゴン州の経験に注目するであろうことを期待することができる。

英国の状況

第 2 章

英国における終末期の意思決定

シーラ・マクリーン
甲斐克則・新谷一朗（訳）

I. 序

　終末期の意思決定は数多くのカテゴリーに分類され，英国におけるそれらに対する法律の立場は，必ずしも明確ではない。さらに，一定の状況における権能が，ロンドンの英国議会政府からスコットランド議会へと拡張されてきたがゆえに，法域間でそのルールは異なることがある。この短いプレゼンテーションでは，各法域における法律について考察し，関連する相違点を浮き彫りにしたい。

II. 決定無能力者に対する意思決定

　最近の立法活動以前にも，決定能力のない成人に関する法律は，種々の法典に見いだすことができたが，それらの法律の多くは高齢者に関するものであり，さらにそれらの法律の多くは，決定無能力者の人格に関するものよりも，むしろ財産管理に関するものであった。しかしながら，決定能力のない成人についてのヘルスケアに関する意思決定を行う権限は誰も有していなかったので，法律を再考する必要があったことは明白であった。これは，スコットランドにおいては，決定無能力者である成人に関する（スコットランド）法 2000 年（Adults with Incapacity（Scotland）Act 2000）の可決によって実現した。

手続的な問題を除けば，この立法の主眼は，医師，福祉代理人（welfare attorneys），後見人，およびその他患者の利害関係人が，患者のヘルスケアに関する意思決定を行う権能を有する，という点にある。しかしながら，彼らが行うあらゆる意思決定は，決定無能力者のベネフィット（benefit）のためになされなければならない。唯一の例外は，決定無能力者が臨床試験（clinical trial）に参加するように提案されている場合に生じる。すなわち，たとえその決定無能力者自身にとってのベネフィットが期待されなくても，同様の病状で苦しんでいる他者のベネフィットになることが合理的に期待されれば，そのような臨床試験を行うことが許容される場合，唯一の例外が生じる。

　イングランドおよびウェールズにおいては，2005年精神能力法（Mental Capacity Act 2005）の可決によって，当該意思決定が決定無能力者の最善の利益（best interests）に適うかぎりで，決定能力のない成人の代わりに，第三者がヘルスケアの意思決定を行うことができることとなった。患者に決定能力が欠如していることを立証する負担は，その患者に決定能力がないと主張しようとする者に課される，という意味で，決定能力は推定される。決定無能力（incompetence）とは，たとえ一時的なものであったとしても，自己自身のために意思決定を行えないことをいう。スコットランドとイングランドおよびウェールズ双方において，可能な場合には決定無能力者の周知の願望を考慮することが義務づけられている。

　スコットランドとイングランドおよびウェールズにおける法律を主導している原理は，次の点で多少異なる。イングランドおよびウェールズの立法が，最善の利益の概念に基づいていることは明らかである。これは，多数の重要判例において医療上の最善の利益そのものよりも広い概念である，と判示されてきた。これは，処置を実施すべきか否かを決定する際に，純粋な医療上の要素以外の要素をも考慮に入れることができる，ということを意味する。スコットランドにおいて，立法は「最善の利益」という文言をときおり使用しているが，支配的な原理は，患者にとっての「ベネフィット」という原理であり，これは最善の利益よりも狭い概念であるといえよう。

1 決定能力はないがアドバンス・ディレクティブ(事前指示)を有している者

　自己自身の生命をコントロールしたいという願望に則して，決定無能力となったあとでも自己自身の問題をコントロールしたいと願う人々が存在している。このことは一般的に——必ずしもつねにというわけではないが——一定の状況において処置は継続されるべきではない，という拘束力ある条項（provision）を作成しておきたいと彼らが望んでいることを意味するものであろう。これは，一般的に，アドバンス・ディレクティブ（advance directive：事前指示）もしくはアドバンス・ディシジョン（advance decision：事前の意思決定）を作成することによって達成される。そのような指示に拘束力があるのか否か，あるならばそれはどのような場合か，については，法学界および医学界で，歴史的に相当な議論が行われてきた。前提とされてきたのは，ある指示が決定能力のある間に作成され，かつ実際に生じた状況について明確に述べているならば，その指示は，医療スタッフによって尊重されねばならない，ということであり，これは英国医師会（British Medical Association）によっても支持されている。しかしながら，法律は，この点について十分に明確ではなかった。

　イングランドおよびウェールズにおいては，2005年精神能力法がこの問題点を解決した。アドバンス・ディレクティブ——もしくは精神能力法が規定するような意思決定——は，それが有効に作成され，かつ当該状況に適用可能であるならば，法的な拘束力を有することとなった。アドバンス・ディレクティブは，書面によって作成されなければならないが，それを撤回するのは，書面でも口頭でも可能である。スコットランドでは，議会はアドバンス・ディレクティブの位置づけについてコメントすることを差し控えたが，これは，部分的には，アドバンス・ディレクティブを合法化することが，一定の形態の安楽死を合法化するある種の近道となることを危惧する団体——その多くは宗教団体——による圧力の所産である。かくして，スコットランドにおいてアドバンス・ディレクティブが拘束力を持つ可能性はあるものの，スコットランドの法域の法律は，イングランドおよびウェールズにおける法律ほど明確ではない。

　事前に処置を拒否することは，適切な状況において尊重されるが，処置が実施されるべきだと医師が確信していない場合に，その処置の提供を患者が要求できないこともまた明らかである。このことは,近時,オリバー・レスリー・バー

ク事件(Oliver Leslie Burke v General Medical Council)によって明らかにされた。バーク氏は,運動ニューロン病(motor neurone disease)に罹患しており,自己の希望をもはや表明できなくなった際に,医師が彼に対する栄養補給を中止しないことを確認したいと望んでいた。本件の第1審において,裁判官は,次のように判示した。すなわち,バーク氏に対する処置を継続する旨の宣言がなされないならば,〔ヨーロッパ人権条約〕第3条が規定するところの残酷で非人道的な処遇を受けない権利が侵害される,と。しかしこの判決は,控訴審において覆された。それゆえ,患者は事前に処置を拒否できても,処置を提供するように主張することはできないのである。

2 永続的植物状態にあるということを理由とする決定無能力

あるグループの決定無能力者には,特に注意を要する。すなわち,かつては遷延性植物状態(persistent vegetative state)と診断され,現在では永続的植物状態(permanent vegetative state)と呼ばれているグループの決定無能力者である。この状態にある人々は,不可逆的に意識を失っており,援助——通常は器械による援助——なくしては,自力で栄養分や水分を補給することができない。彼らは,自力で呼吸をすることはできるが,高次の脳機能は不可逆的に失われており,これは,彼らが決して意識を取り戻すことはないことを意味する。英国における法律は,2つのリーディング・ケースにおいて明らかにされた。イングランドにおける決定的な事件は,ブランド事件(Airedale NHS Trust v Bland)であった。本件では,——患者の両親の支援を得て——若い男性を看護している医師が,鼻腔チューブによる栄養・水分補給を取り外すための認可を裁判所に求めた。アンソニー・ブランド(Anthony Bland〔愛称トニー:訳者〕)は,サッカー・スタジアムで起きた事故で傷害を負い,しばらくの間酸欠状態になったため,これにより永続的かつ重度の脳損傷を負った。

本件は,英国における民事の最高裁判所——貴族院——で審理されたが,貴族院は最終的に,栄養・水分補給の補助を取り外すことは違法ではない,と判示し,アンソニーは死ぬことを許された。スコットランドでは,法律病院事件(Law Hospital v Lord Advocate)において,民事の最高裁判所である民事上級裁判所(the Court of Session)が,この問題を扱った。本件は,薬物の過剰服用によって

自殺を試みたが，これが失敗に終わった女性に関する事件であった。過剰服用の結果，彼女は永続的植物状態に陥り，病院は裁判所に対して，医師が彼女から栄養・水分補給を取り外すことを認めるように申し立てた。ブランド事件と同様に，裁判所は，これは違法ではないと認め，ヨーロッパ人権条約が1998年人権法（Human Rights Act 1998）によって英国の法律に組み込まれたのちに下された判決によってこの判断を確立した。

　スコットランドの状況とイングランドおよびウェールズの状況は同じように見えるものの，1つの相違点が存在する。その相違点は，実務上の影響を持つかもしれないし，持たないかもしれないブランド事件で，栄養・水分補給の補助を取り外す前に，裁判所による認可が必要である，と貴族院が，指摘したことである。スコットランドでは，（同国の最上級の検察官である）法務総裁が，もし医師が裁判所の許可を得ているならば刑事訴追をしないであろうと指摘したことはあるものの，そのような要件は存在しない。そうであるならば，賢明な医師は，たとえそれが義務ではないとしても，裁判所の許可を求めるように助言を与えられるであろう。

III. 終末期の意思決定と決定能力ある患者

　終末期の意思決定が行われるのは，患者に決定能力がない場合だけではない。自己の生をコントロールしたいという人々の願望は，彼らが生と同様に死をも決定したいと望んでいる，ということを意味しうる。英国法では，これが許容されたケースと否定されたケースがある。

1　生命維持処置の拒絶・拒否

　英国法の中核となっている原則は，患者は，それがいかなる理由によるものであっても，処置を受け入れ，または拒否する権利を有している，というものである。これは，同意の概念に基づいている。かくして，患者は，自身が拒否しうる生命維持処置を受けているかぎりで生存させられること（to be kept alive）を拒否することができる。〔この点について〕法律は明白であると考えられていたが，2002年に報告された英国のある事件において，この原則が争われた。

この事件においては，患者——以下，ミズ B (Ms B) と呼ぶ——が四肢麻痺 (quadriplegic) になり，彼女を生存させるためには，人工呼吸器が必要となった。彼女の医師たちは，彼女から人工呼吸器を少しずつ離していく方法がある，と考えていたが，ミズ B は，これに同意することを拒否したうえで，人工呼吸器を取り外し，それによって自らを死にゆくにまかせるよう主張した。医師たちはこれを拒否し，事件は法廷に持ち込まれた。裁判官は，遺憾の意とともに次のように判示した。すなわち，彼女には決定能力があり，かつ情報を提供されていたので，そのような意思決定を行う権利を有している，と。本件はイングランドの事件であって，スコットランドの事件ではないが，スコットランドの裁判所においても同様の判決がなされたであろうことは疑いない。

2 死にゆくことの援助 (Assisted Dying)

最後に，自殺幇助 (assisted suicide) と安楽死の問題について考慮しなければならない。一見すると，ミズ B が（そしておそらくアンソニー・ブランドも）成し遂げたことは，死の援助 (assisted death) であり，そしてそれゆえに英国法では，（安楽死はそうではないにせよ）自殺幇助が認められている，と考えられるかもしれない。しかしながら，裁判所は，それぞれの状況〔自殺幇助，安楽死，生命維持処置の拒否：訳者〕の間には相違が存在することをしきりに強調してきた。裁判所の述べるところによると，ミズ B の事件は，処置を行わないケースであり，受動的なものないし不作為であるが，一方，死にゆくことの援助 (assisted dying) や安楽死は，積極的な介入を必要とする。死の結果をもたらす不作為は許容されるが，作為は許容されない，というわけである。私自身も含めて多くの人々は，この区別に差異は存在しないと考えており，もしお望みなら，私はこの問題について喜んで回答したいと思う。その区別をすることは，線引きを認めることであるが，その線引きは，現実的なものではなく，むしろ間違いなく不確かなものである。

死にゆくことの援助に対するアプローチは，ごく最近，ダイアン・プリティ (Diane Pretty) という女性によって争われた。プリティ夫人は，運動ニューロン病に罹患しており，彼女の病状の進行の結果として不可避的に生じると自身が認識している類の死を避けたいと望んでいた。イングランドおよびウェールズ

においては(スコットランドはそうではないが)，1961年自殺法(Suicide Act 1961)によって，自殺を幇助することは，制定法上の特別犯罪（specific statutory offence）とされている。プリティ夫人は，公訴局長官（Director of Public Prosecutions）に対して，自身がコントロールできなくなる身体になる前に——知的能力が損なわれる前に——，自らが望むように死ぬことを夫が手伝っても，夫を訴追しないようにとの同意を求めたのである。

　彼女の主張は，事件が審理された英国の各裁判所〔高等法院および貴族院の双方：訳者〕によって拒否されたので，この事件は，最終的に，ストラスブールにあるヨーロッパ人権裁判所で審理されることになった。彼女は，ヨーロッパ評議会のヨーロッパ人権条約によって保障されている自身のいくつかの権利が，1961年自殺法によって侵害されている，と主張した。例えば，第2条に規定されている生命に対する権利（right to life）は，必然的に逆の意味合い——すなわち，死を選択する権利（right to choose to die）——をも含むものである，と主張したのである。彼女はまた，第8条に規定されている私生活および家族生活の権利は，自己の生死について自己自身が意思決定する権利を裏づけるものだ，と主張した。彼女はまた，良心に従った行為が許容されていないことにより，第9条に規定されている信教の自由の権利が侵害されている，とも主張した。人権裁判所は，彼女の主張を却下して，次のように判示した。すなわち，ヨーロッパ評議会のメンバーである他の国々では死にゆくことの援助を合法化したところもあるが，英国は，それを法律によって禁止する権限を有している，と。

　ベルギーやオランダといった国々では，一定の形態もしくはその他の形態の死にゆくことの援助が合法化されており，またスイスにおいて，それは犯罪とされていないが，英国では，法改正に向けた政治的欲求はほとんどなかった。イングランドにおいては，最近，ジョフェ卿（Lord Joffe）によって，死にゆくことの援助を許容する法案を可決させる試みがなされたが，これは失敗に終わった。ジョフェ卿の法案の文言を検討するために貴族院の特別委員会が立ち上げられ，ジョフェ卿は，法案のいくつかの重要な領域で妥協したにもかかわらず，末期の疾患患者のための死にゆくことの援助法案（Assisted Dying for the Terminally Ill Bill）は，議会で審議未了のまま会期が終了してしまった。ジョフェ卿は，法案を再提出する意図を示していたが，これまでのところ再提出はなさ

れていない。スコットランド議会の議員によっても，同様の法案を提出する試みがなされたが，立法部に法案を提出する条件である一定数の議員の署名を集めることすらできなかった。

IV. 結　語

　このディスカッションの最後に，少し挑発的な言い方をさせてもらえば，英国における終末期の意思決定に関する法律は，矛盾に苦しんでおり，この矛盾に再考が必要なことは自明であるといえよう。比較的細かい相違は存在するものの，英国の諸法域では，臨床上の決定 (clinical decisions) の結果として，決定能力のない者の生命を終結させることは許容されており，決定能力のある者は，生命維持処置を拒否することによって，死を選択することができるものの，決定能力のある者が受けている治療が拒否しうる類いのものでなければ，死を選ぶという選択肢は否定されるのである。死にゆくことの援助に関する見解がいかなるものであろうと，これは満足のできる状況ではない，と私は主張したい。われわれは，英国法からその一貫性を，もしくは〔自殺幇助や安楽死との：訳者〕その差異に関する明白で説得力のある説明を期待できるし，またそれを期待すべきである。私の意見では，状況に差異を設けるために与えられている理由づけは，説得力があるとはとても思われない。

英国の状況

自殺幇助に関する
インフォーマルな法の変容
―― 検察官のための指針 ――

ペニー・ルイス
甲斐克則（監訳）／福山好典・天田悠（訳）

　パーディ事件（Purdy case）における貴族院判決後，公訴局長官（Director of Public Prosecutions）は，自殺幇助（assisted suicide）事件における訴追が公共の利益に適うかを決定する際に考慮されるべき要素を呈示する検察官のための暫定指針を発した。本稿は，この暫定指針，その後の意見募集（public consultation）およびそれに基づく最終指針について考察するものである。被害者の症状，自殺の決意および組織的または職業的な幇助の役割を含めて，指針の主要な諸側面を検討する。イングランドおよびウェールズ国内で行われる自殺幇助を対象に含めることにより，指針によって実現されるインフォーマルな法の変容が，当初予想されたよりも重要なものになっている。

I．序

　パーディ事件において，貴族院は，公訴局長官（DPP）に，デビー・パーディ（Debbie Purdy）および幇助を受けて自己の生命を終結させようと考えている類似の立場にあるその他の者のための指針を作成するよう求めた。ホープ卿（Lord

Hope of Craighead) の指導的な意見では,「パーディ夫人のようなケースにおいて,1961年〔自殺〕法第2条第1項に基づく訴追に同意するべきか否かを決定する際に公訴局長官が考慮に入れるであろう事実関係を同定する,犯罪に関する特別な指針[1]」が要求された。ニューバーガー卿 (Lord Neuberger) は,「1961年法第2条に基づく訴追を是認するかどうか決定する際に,〔公訴局長官〕が一般に加重要素および減軽要素として考えるものを呈示する指針[2]」に言及した。同様の路線に沿って,ブラウン卿 (Lord Brown of Eaton-under-Heywood) は,以下のように述べた[3]。

「必ずしもすべてではないが,その多くが〔ダニエル・〕ジェイムズ事件[4]（〔Daniel〕James case）において言及されている,訴追に対する有利・不利の様々な要素,すなわち,たとえいかに幇助するよう誘惑されたとしても,予測される幇助者および教唆者がそうするのを差し控えるべき状況と,幇助することに関して非難されるよりもむしろ,たとえ推奨されないとしても少なくとも許容はされることを彼または彼女が公正に望んでよい状況とを区別するよう考案された諸要素を呈示するためのあつらえの指針である。」

法官貴族院議員 (law lords) らは,同指針に含められるべき要素について,いくつかの手がかりを提供した。行われた選択は,「自律の真の行使[5]」というものにならざるをえなかった。ホープ卿は,「ある利益が生じるかもしれないという事実のみでは,それ自体で直ちに重要なものとはなりにくい」と述べたけれども,圧力または強制の存在は,幇助者側の「不適切な動機」（もしくは幇助者が死から利益を得ることに固執した場合[6]）と同様,訴追に有利に斟酌されるべきで

---

* 本稿の執筆にあたり,幸運なことに,ブロッシェ財団 (Fondation Brocher) の援助により,2010年夏に訪問研究員となることができた。
1) *R (Purdy) v Director of Public Prosecutions* [2009] UKHL 45, [2010] AC 345 at [56]. 訴追に対する公訴局長官の同意を要求する1961年自殺法（Suicide Act 1961）第2条第4項参照。
2) Ibid, at [101].
3) Ibid, at [86].
4) DPP, Decision on Prosecution – The Death By Suicide of Daniel James (9 December 2008) は, http://www.cps.gov.uk/news/articles/death_by_suicide_of_daniel_james/ で入手できる。
5) *Purdy*, 前出注1), at [65] per Baroness Hale.
6) Ibid, at [53].

ある。

　貴族院の判決から2カ月も経たないうちに，公訴局長官は，自殺幇助事件における訴追が公共の利益に適うか否かを決定する際に考慮されるべき要素を呈示する検察官のための暫定指針を発した[7]。その後12週間の意見募集期間があり，最終的な修正指針がその10週間後に公表された。

　暫定指針は，警察および公訴局（Crown Prosecution Service: CPS）による自殺幇助事件の捜査を説明することから始めた。訴追に関するすべての公訴局の決定の場合と同様に，意思決定に関しては，連続する2つの段階がある。すなわち，第1に，（「有罪判決の現実的な見込み」を要求する）「証拠」に関わる段階[8]があり，この段階がクリアされると，第2に，「公共の利益」に関わる段階[9]がある。すなわち，

　「1951年，当時の法務総裁ハートリー・ショークロス卿（Sir Hartley Shawcross）は，公共の利益に関する古典的宣言を行った。すなわち，『犯罪の嫌疑があれば自動的に訴追が提起されなければならないということは，これまで決してこの国のルールではなかった──私はこれからも決してそうでないことを望む──』と。彼は，『犯罪またはその実行の状況が，公共の利益のためにその訴追が必要とされるような性質をもつと思料される場合にはつねに』訴追がなされるべきである，と付言した（House of Commons Debates, Volume 483, 29 January 1951）。このアプローチは，それ以来ずっと法務総裁によって支持されてきた。」

　暫定指針は，訴追が公共の利益に適うかどうかを決定する際に検察官によって考慮されるべき要素のリストを2つ呈示した。すなわち，訴追に有利な要素と訴追に不利な要素である。それぞれのリストに属するある要素は，多くの事

---

[7]　DPP, Interim Policy for Prosecutors in respect of Cases of Assisted Suicide（September 2009）は，http://www.cps.gov.uk/consultations/as_index.html で入手できる。
[8]　Ibid, paras 9-13. また，DPP, Code for Crown Prosecutors（February 2010）paras 4.5-4.9（http://www.cps.gov.uk/publications/docs/code2010english.pdf で入手可）をも参照。
[9]　Code for Crown Prosecutors, ibid, para 4.10. また，*Purdy*, 前出注1），at [44] をも参照。

件において「その他の要素よりも重要なもの[10]」として考案されていた。いくつかの要素は，その反対の場合がもう一方のリストに含まれていたが，そうでない要素もあった。最終指針は，要素に関する説明と，要素のリストの改定版とを含んでいるが，いくつかの要素をより重要性を有するものとする考案を取りやめた[11]。

II. 自殺ツーリズムに関する指針か，それとも自殺幇助一般に関する指針か？

ホープ卿が想定していた[12]ように，また，パーディ事件の事実と整合するであろうように，自殺幇助が合法である国への渡航を幇助する者のみを対象とするのではなく，むしろ第2条第1項に基づいて訴追されうるすべての犯罪（薬剤の提供，処方箋の作成または自殺行為それ自体に対するその他の技術的もしくは事実上の幇助を含みうる。）を対象に含める公訴局長官の決定[13]については，いずれの指針においても説明されなかった。

公訴局長官の広範な解釈は，ヘイル卿（Baroness Hale of Richmond），ブラウン卿およびニューバーガー卿の意見から導かれた可能性がある[14]が，その一方で，ホープ卿の指導的な意見から離れ，貴族院の判決により命じられたよりもはるかに大きな影響を有するであろう指針を発するという公訴局長官の決定は，興味深いものであり，これが，自殺幇助に関するインフォーマルな法の変容を促進してきたのである。

同指針は，自殺が行われる場合にはすべての自殺幇助罪につねに適用されるが，その要素の1つは，自殺ツーリズム（suicide tourism）に対する幇助がより近接的な幇助（more proximate assistance）とは異なって扱われるであろうことを示している，と言えるであろう。訴追に不利な要素3は，次のように記載されてい

---

10) Interim Policy, 前出注7), paras 20 および 22.
11) DPP, Policy for Prosecutors in respect of Cases of Assisted Suicide (February 2010)（最終指針（Final Policy））para 4.7 は，http://www.cps.gov.uk/publications/prosecution/assisted_suicide_policy.pdf で入手できる。
12) *Purdy*, 前出注1), at [54].
13) Interim Policy, 前出注7), para 5.
14) Ibid, at [63]-[69], [82]-[87] および [100]-[106].

る。すなわち,「被疑者の行為は,犯罪の定義に十分に該当するけれども,軽微な奨励または幇助にすぎなかった 15)。」と。最終指針をはじめて適用した際,公訴局長官は,自己の両親のためにスイスのホテルを予約し,スイスまで両親を送り出し,その後,ディグニタス(Dignitas)〔自殺を援助するスイスの団体:訳者〕の援助を受けて,そこで両親の自殺を実行させるに至らせた被疑者の行為は,「犯罪の定義に十分に該当するけれども,きわめて軽微な幇助にすぎなかった。」という決定を下したのである 16)。

かくして,薬剤の提供,処方箋の作成,後に患者によって開始されることになる点滴の装着,または自殺行為それ自体に対するその他の技術的もしくは事実上の幇助(例えば,薬剤の粉砕または溶解を含む)は,〔自殺幇助を〕許容する法域への渡航の手配のような,より近接的でない幇助に比べて,訴追されやすくなるであろう。

後述のように,患者を幇助する医療職者は,同指針のもとで訴追されやすくなるであろう。これらの2つの要素がぶつかり合う場合,公訴局が,被害者をケアする医療職者による軽微な幇助に同指針をどのように適用するかは,明らかでない。例えば,〔自殺幇助を〕許容する法域で利用するために医療記録を提供することがそれに当たるが,これは,医師の利益を守る諸組織 17)(medical defence organisations)および医学誌 18)における幾多の議論のテーマとされてきた。

---

15) これ以前のバージョンは,暫定指針における訴追に不利な要素7であった。
16) DPP, Statement regarding the deaths of Sir Edward and Lady Downes(19 March 2010)は,http://www.cps.gov.uk/news/press_statements/the_death_of_sir_edward_and_lady_downes/ で入手できる。
17) Medical Protection Society *Clinicians Need Clarification on Assisted Suicide says Leading Doctors' Body*(12 August 2009)(http://www.medicalprotection.org/uk/press-releases/Clinicians-need-clarification-on-assisted-suicide-says-mps で入手可); Medical Protection Society *Healthcare Professionals are at a Greater Risk of Prosecution for Assisting Suicide Following new DPP Guidelines says Leading Doctors' Group*(8 March 2010)(http://www.medicalprotection.org/uk/press-release/Healthcare-professionals-at-greaterrisk-of-prosecution-for-assisting-suicide-following-new-DPP-guidelines-says-mps で入手可); Medical Defence Union *MDU's Concerns over CPS's New Assisted Suicide Policy*(25 February 2010)(http://www.the-mdu.com/section_GPs_and_primary_care_professionals/topnav_News_3/hidden_Article.asp?articleID=2143 で入手可)参照。
18) 'Lawyers seek clarification on role of UK doctors in assisted suicide'(2009)339 BMJ 3275; C Dyer 'Doctors face greater risk of prosecution than the public for assisting suicide'(2010)340 BMJ 1167.

III. 意見募集 [19]

　意見募集文 (consultation document) は，訴追に有利および不利な公共の利益に関わる要素を単に列挙しているにすぎなかった。これらの要素が選ばれた理由，および／または，その他の要素が選ばれなかった理由は，何ら説明されなかった。その当時の政府の意見募集基準 [20] によって要求されていたように，「提案され〔た〕こと」を明確化するため，提案理由の呈示がいくらかなされてきた。ほとんど自明なものと考えられうる要素もあれば，そうでない要素もある。後者には，被害者 [21] の症状および組織的または職業的な自殺幇助に関わる要素が含まれるが，両方とものちに議論する。加えて，リスト間での要素の重複，および一定の要素により大きな重要性を付与することに関する当初の決定について，何らの説明もなされなかった。

　意見募集文は，回答者による回答の多くを，「はい／いいえ」に限定したが，これにより，回答は，ほとんど無意味なくらいに皮相的なものになった。例えば，暫定指針における訴追に有利な要素2は，以下のように記載されている。すなわち，「情報を与えられたうえで意思決定に到達する被害者の能力が，認定された精神疾患または学習障害によって悪影響を受けていた。」と。情報を与えられたうえで意思決定する能力を被害者がもたなかった場合，これは明らかに，訴追に有利な関連要素である。しかし，この要素それ自体の記述が不十分であり，精神能力の基準となる法律の枠内での主要な区別が認識できていなかった。とりわけ末期の疾患 (terminal illness) のコンテキストにおいて，能力は，身体疾患，その治療または緩和措置の影響を受けるかもしれない。また，能力

---

19) 私は，意見募集に対する回答書を提出したが，それには，暫定指針について本稿で提起する多くの問題に関する論評が（異なる形式においてではあるが）含まれるとともに，本稿では論じないその他の多くの問題に関する論評が含まれている。P Lewis *Consultation Response* (http://ssrn.com/abstract=1583439 で入手可) 参照。

20) HM Government *Code of Practice on Consultation* (London: BRE, 2008) para 3 は，http://www.berr.gov.uk/files/file47158.pdf で入手できる。これは，前出注7) の暫定指針に関する意見募集ウェブサイト上に再掲載された。

21) 自殺者または自殺未遂者を記述するのに「被害者」という言葉を用いることに関する批判については，Lewis, 前出注19), para 1.1 参照。この言葉は，公訴局の文書のいたるところで用いられているので，本稿でもそれを用いている。

は，精神疾患ではない精神障害の影響を受ける可能性がある [22]（最終指針において，訴追に有利な要素 2 の改定版は，このことを認めており，「被害者は，情報を与えられたうえで自殺の決意に至る（2005 年精神能力法（Mental Capacity Act 2005）によって定義されたような）能力を有していなかった。」となっている）。

「その他のあらゆる論評」を求める最後の包括的な設問を除き，意見募集における設問の中には，ある要素に関してこの種の分析を行う余地を残すものは 1 つとしてなかった。回答者は，単に，諸々の要素の受容・拒否および追加を行い，それから，「より重要な」下位リストとの関係で諸々の要素の受容・拒否および追加を行うように求められたにすぎない。個別の各要素に対して受容または拒否を超える回答をする機会を設けなかったことで，意見募集の設問の構成は，過度に制限的であり，また，回答者に不満を起こさせ，彼らの回答を不毛なものにし，意見募集の影響 [23] を限定する可能性を高めるものであり，その結果，指針の質を改善する現実の機会になるよりも，むしろ量の比較に重きを置いたデータ収集を実施するものになった。このことは，公訴局が，特定の要素の支持（または不支持）の総数に基づいて指針の改定を正統化するという，主に量的な方法で意見募集への回答を利用したことからして，明らかである [24]。意見募集への回答をこのように利用することは，以下のような政府の意見募集基準に反する [25]。

「すべての回答（書面による回答と，ディスカッション・フォーラムやパブリック・ミーティングのようなその他のルートを通じて提供された回答の両方）は，より効果的・効率的な指針を作らせるために回答者の専門的知識，経験および見解を利用しつつ，慎重に分析されるべきである。自己の議論を裏づけるために，回答者によって提供された証拠に注意が向けられるべきである。意見募集への回答を分析す

---

22) 能力の損傷の原因となりうるもののいくつかの例は，2005 年精神能力法に関する行動規範（2007）（Mental Capacity Act 2005 Code of Practice（2007））の para 4.12 に見いだすことができる。
23) *Code of Practice on Consultation*, 前出注 20），para 3.
24) 例えば，*CPS Public Consultation Exercise on the Interim Policy for Prosecutors in respect of Cases of Assisted Suicide Issued by the Director of Public Prosecutions: Summary of Responses* (February 2010) paras 2.3-2.5（http://www.cps.gov.uk/consultations/as_responses.pdfで入手可）参照。
25) *Code of Practice on Consultation*, 前出注 20），para 6.1（強調部分は筆者付加）。

ることは，第一義的に，量に関わる行為ではなく質に関わる行為である。」

IV. 規制なき枠組み

公訴局長官は，自らが自殺幇助のための規制的枠組みを創出しているという非難を受けるのを回避することに関心を抱いている。例えば，意見募集への諸々の回答を要約したものには，以下のような記述がある[26]。

「〔被害者の要請について書面による証拠を要求すること〕は，実際のところ，自殺の奨励または幇助に関する制度を創設する過程・手続の範囲に属する。——公訴局長官ではなく——議会だけが，その種の制度の合法性を決定できるのであり，したがって公訴局長官は，その種の制度の創出への踏み石と言われうるような，訴追に不利な抑制をするあらゆる要素を固く拒否してきた。」

このことは，被害者の意思決定が十分に情報を与えられたうえで熟慮されたと言えるために必要とされる情報の水準に関して明確性が欠けていること[27]，および〔自殺幇助の〕選択について待機期間が定められていないこと[28]を，ある程度説明しうる。

おそらく同じ理由から，被害者および／または被疑者がイングランドおよびウェールズに居住していなかった場合，それは，訴追に有利な要素ではない（これと異なり，オレゴン州[29]，ワシントン州[30]，ベルギーおよびオランダ[31]における制度は，す

---

26) *Summary of Responses*, 前出注 24), para 7.6.
27) Lewis, 前出注 19), para 9.1.
28) Ibid, para 5.5.
29) 尊厳死法（Death With Dignity Act）第1.01条第11項および第3.10条。
30) 尊厳死法（Death with Dignity Act）RCW 第70.245.010条第11項，第70.245.130条。
31) M Adams and H Nys 'Euthanasia in the low countries: comparative reflections on the Belgian and Dutch Euthanasia Act' in P Schotsmans and T Meulenbergs (eds) *Euthanasia and Palliative Care in the Low Countries* (Leuven: Peeters, 2005) p 5 at pp 11-12; J Griffiths, H Weyers and M Adams *Euthanasia and Law in Europe* (Oxford: Hart, 2008) pp 312-313 参照。オランダでは近時，安楽死を実施する医師は患者の主治医でなければならないという要件から離れ，地域審査委員会（Regional Review Committees）の考え方が変化してきた。J Legemaate *De zorgverlening rond het levenseinde: een literatuurstudie naar begripsomschrijvingen en zorgvuldigheidseisen* (Utrecht: KNMG, 2005) p 49; Griffiths et al, ibid, pp 79 および 93-94.

べて居住要件を定めている)。ただし，意見募集の回答者のうち 36 名がこれを提案している[32]。個人は，自己の母法域においてよりも訴追される可能性がはるかに低い場所で自殺幇助を実施するために，この法域に渡航するかもしれない[33]。それは，個人が自殺幇助を受けるためにスイスに渡航し[34]，また，獣医学上の安楽死薬を入手するためにメキシコに渡航する[35]のとまったく同様である。

　要素に基づくアプローチは，その他の〔自殺幇助を〕許容する法域に見られる規制的制度とはまったく異なっているように見えるが，それにもかかわらず，許容しうる自殺幇助の類型のもつ一定の特徴が認識できる。被害者の要請の有効性に加えて，指針が取り組んだ中心的な問題は，被害者の症状ならびに被疑者の身元および精神状態に関わるものである。これらについて，以下の 3 つの節[36]で取り上げ，その後に，指針によって示される法の変容について検討する。

V. 被害者の症状

　公訴局長官が直面した主要な問題の 1 つは，被害者の症状，すなわち被害者が経験する苦痛を指針がどのように取り扱うべきか，であった。最も一般的に定められた要件は，末期の疾患という要件である。これは，デビー・パーディ事件に適用されるであろう。しかし，この要件は，ラグビー中の事故で胸から下が麻痺していたダニエル・ジェイムズのケースでは満たされないであろう。この点は，貴族院によって徹底的に議論された。臨死介助 (assisted dying) が合法とされている法域の中で，アメリカ合衆国のオレゴン州とワシントン州だけ

---

32)　私も含まれている。Lewis, 前出注 19), para 9.4 参照。
33)　P Kurzer *Markets and Moral Regulation: Cultural Change in the European Union* (Cambridge: Cambridge University Press, 2001) pp 175-180 参照。
34)　S Fischer et al 'Suicide assisted by two Swiss right-to-die organisations' (2008) 34 Journal of Medical Ethics 810, Table 1.
35)　L De Uriarte 'La opción mexicana' Reforma (Mexico) (19 May 2008) 1 at 4; 'Tijuana: parada al paraíso' Reforma (Mexico) (19 May 2008) 4; 'Lecciones para "bien morir"' Reforma (Mexico) (20 May 2008) 4; 'Sólo les queda México' Reforma (Mexico) (21 May 2008) 4. いずれも http://www.exitinternational.net/documents/reforma.pdf.
36)　これらの節は，'Unfinished Business' (2009) 153: 37 Solicitors Journal 11 および 'Out of focus' (2010) 154: 9 Solicitors Journal 10 として公表された 2 本の短い論稿においてはじめて公にされた見解のいくつかを発展させ深化させたものである。

が末期の疾患という要件を課している。すなわち、患者は、「医学的に認められた不治で不可逆的な疾患であって、かつ合理的な医学的判断の枠内で6カ月以内に死をもたらすであろう疾患を有するのでなければならない[37]。」

オランダおよびベルギーは、苦痛に基づく適格性（eligibility）要件を有する。末期の疾患は、この要件を充足するが、それに限定されない。オランダでは、「付添医（attending physician）は、……患者の苦痛が耐え難く、かつ改善の見込みがないことを確信しなければならない[38]。」。ベルギーでは、「患者は、疾患または事故によって惹き起こされた重大かつ不治の障害の結果として、緩和されえない継続的かつ耐え難い肉体的または精神的苦痛という医学的に無益な状態に〔なければならない〕[39]。」

暫定指針において、訴追に有利な要素6は、以下のように記載されていた。

「被害者は、回復する可能性のない
- 末期の疾患、もしくは
- 重大かつ不治の身体的無能力、もしくは
- 重大な変性に陥った身体症状を有しなかった。」

（訴追に不利な要素4は、この要素の反対の場合であった。）これらの基準が選ばれた理由は何ら示されなかった。

パーディ事件において、ヘイル卿は、末期の疾患という要件の可能性について論じ、「いかなる状況において法が……真に自律的な選択に介入することが正統化されるか」という問題を提起した。ダニエル・ジェイムズ事件に対する

---

[37] オレゴン州尊厳死法（Oregon Death With Dignity Act）第1.01条第12項; ワシントン州尊厳死法（Washington Death with Dignity Act）RCW 第70.245.010条第13項。
[38] 2001年要求に基づく生命終結および自殺幇助（審査手続）法（Termination of Life on Request and Assisted Suicide (Review Procedures) Act 2001）第2条第1項（b）,（2001）8 European Journal of Health Law 183.
[39] 2002年5月28日の安楽死法（Act on Euthanasia of May 28 2002）第3条第1項,（2003）10 European Journal of Health Law 329. ルクセンブルクの制定法における関連条項は、ベルギーの条項とほとんど同じである。Loi du 16 mars 2009 sur l'euthanasie et l'assistance au suicide, art 1 は、http://www.legilux.public.lu/leg/a/archives/2009/0046/a046.pdf#page=7 で入手できる。

回答から示唆されるように，ヘイル卿は，末期の疾患ではないが重大な無能力に陥っている者にまで適用される暫定指針のこの側面を支持していなかったといえよう。すなわち，「自分自身の生についてどのように評価すべきかを人々に伝えることは，社会の役割ではない。しかし，人々がそうしないときでさえわれわれは彼らの生を評価すべきだ，と社会が主張することは，正統化可能であるかもしれない[40]。」

限定的なオレゴン州の「末期の疾患」アプローチは拒否されたが，それだけではない。「不治で望みのない苦痛」に基づくオランダ／ベルギーのアプローチもまた，採用されなかった。その理由は，おそらく，暫定指針が適用される3つの症状では苦痛が推定されたからであろうか。最終指針は，この要件ないしはその何らかの改善を断念した[41]。

> 「非常に多くの回答者が，被害者の健康状態および無能力状態に関連する要素を含めることは差別になりかねない，と主張して，これらの要素を含めることに異議を唱えた（1,500名を超える回答者がその一般的な論評においてこれを主張した）。……意見募集の実施中に表明されたこれらの見解を受けて，公訴局は，［これらの要素を］最終指針から除外した。」

差別を回避する必要性は疑いなく重要であるが[42]，被害者の症状への言及をいっさい取り除く決定は，2つの重要な問題を提起する。第1に，被害者の経験に関連する，公共の利益に関わる要素を線引きする差別的でない方法というものは存在するのか。第2に，公共の利益の分析から被害者の症状または経験の考慮を排除することは，どのような影響をもたらすのか。

第1の問題については，オランダのアプローチ——患者の苦痛が「不治で望みのないもの」であったことを付添医が確信している必要があること——がここで有用であったといえよう。なぜなら，それは，もっぱら被害者の苦痛の経

---

40) *Purdy*, 前出注1), at [68].
41) *Summary of Responses*, 前出注24), paras 2.10 および 6.14-6.17.
42) 私は，この問題を P Lewis *Assisted Dying and Legal Change*（Oxford: Oxford University Press, 2007), pp 37-40 において検討している。

験に言及するものであって，彼または彼女の症状，すなわち，その種の苦痛の原因に言及するものではないからである。

　第2の問題について言えば，被害者の症状または経験に何ら言及していないことから，最終指針は，例えば，耐え難い苦痛を経験している末期の疾患を患う被害者と鬱病に罹患した被害者とを区別できていない（能力は鬱病患者において疑わしい場合もあるが，大多数の鬱病患者は決定能力を有する[43]）。この問題は，最終指針において取り上げられていないし，また，意見募集への回答の要約およびそれらに対する公訴局の回答においても取り上げていない。

　訴追に有利な要素10，すなわち「被害者は，自ら幇助を構成する行為を物理的に実行しえた[44]」という要素は，ここで関わってくるかもしれない。しかしながら，この要素は，末期の疾患に罹患した被害者と鬱病に罹患した被害者とを必ずしも区別するものではない。被疑者の幇助がオピオイド（例えば，家族の初期疾患〔の治療〕で余ったものか，または被疑者に対して有効に処方されたもの）の提供であり，被害者がオピオイドを医学的に必要としていなかったためそれを自ら調達しえなかったであろう場合においては，要素10は，被害者が幇助を受けずに代替的な手段を利用して自殺を実行しえたときでさえ，訴追に有利に働かないであろう。

　かくして，同指針は，肉体的苦痛（生理学的な障害に起因する苦痛）を経験する被害者，非肉体的苦痛（鬱病を含む精神障害に起因する苦痛）を経験する被害者，実存的な苦痛（「生きることに疲れる」もしくは「生きることにうんざりする」ケース）を経験する被害者を区別しない。興味深いことに，オランダ法学は，患者が望みのない耐え難い苦痛を経験している場合，前二者〔に対する自殺幇助〕は許容しうる，と考えてきたが，第3の被害者についてはそうしてこなかった。オランダの数少ない事件では，治療に抵抗する，重症の鬱病に罹患した決定能力の

---

43)　T Grisso and PS Appelbaum 'The MacArthur Treatment Competence Study, III: abilities of patients to consent to psychiatric and medical treatments' (1995) 19 Law and Human Behavior 149; J Vollmann et al 'Competence of mentally ill patients: a comparative empirical study' (2003) 33 Psychological Medicine 1463.

44)　この要素は，訴追に有利な方向でそれほど重視されたようには見えないものの，ダウンズ事件（Downes case）において簡単に言及された。前出注16) 参照。

ある患者に対して，自殺帮助が適法に実施されてきた[45]。オランダにおけるこの種の事件の監視は，これまでもこれからも徹底している[46]。

被害者の症状または経験に基づく制限すら何ら課さない点で，同指針は，臨死介助に関する多くの制度よりも自由主義的である。スイスでさえ，現在，自殺帮助を，末期の疾患を患う者に限定することを議論しているのである[47]。おそらく，被害者の症状に明示的に言及することのもつ差別的な影響は，オランダのモデルを考慮することで回避しえたであろう。このモデルでは，個人の苦痛に注意が向けられるが，そこに内在する彼または彼女の症状には注意が向けられないのである。

症状に基づくこれらの要素に加えて，暫定指針に含まれる，〔被害者の症状に〕関係するもう１つの要素が，訴追に不利な要素10であり，これは，被害者が受けた症状に対する医学的ケアに焦点を当てるものであった。すなわち，「被害者は，合理的な程度まで認められた治療およびケアの選択肢について熟慮し，それらを追求してきた。」というものであるが，被害者が追求すべきであった治療の選択肢の種類については，何ら示されなかった。被害者が「治癒」の僅かな可能性を伴う負担の大きい治療の選択肢を拒絶した場合はどうなのであろうか。同じく，被害者がいかなる種類の緩和ケアの選択肢を追求しなければならないのかも，明確でなかった[48]。相談は十分であったのであろうか，また，被害者は緩和ケアを試みるべきであったのであろうか。

最終指針においてこの要素を除外する決定がなされたことについて，明確な理由は示されなかったが，この要素は，意見募集において50％を超える支持を受けなかった。この要素は，類似の要件がオランダとベルギーの両制度にお

---

45) ただし，2009年は，地域審査委員会に報告されたその種の事件は存在しなかった。Regionale toetsingscommissies euthanasie *Jaarverslag 2009*（June 2010）p 6 は，http://www.euthanasiecommissie.nl/doc/pdf/Jaarverlsag%20RTE%202009_def_23204.pdf で入手できる。
46) Lewis，前出注42），pp 78-81, 99-101 および 124-127.
47) Federal Department of Justice and Police *Organised Assisted Suicide to be Regulated: Federal Council Presents Two Options for Consultation*（28 October 2009）は，http://www.ejpd.admin.ch/ejpd/en/home/dokumentation/mi/2009/2009-10-28.html で入手できる。
48) この要素は，緩和的フィルター（palliative filter）を提供することにつながったであろう。P Lewis 'Euthanasia in Belgium five years after legalisation'（2009）16 European Journal of Health Law 125 at 134-136 参照。

いて見られ，また，末期疾患の患者に対する臨死介助法案に関する貴族院特別委員会（House of Lords Select Committee on the Assisted Dying for the Terminally Ill Bill）によって検討された[49]ことから，規制的制度の成立を回避したいという強い要望の犠牲となったのかもしれない。

　ベルギーでは，患者による安楽死の要請に対する「合理的な代替策がない」ことが要件とされるが（第3節第2条第1項），これは，オランダの状況（第2条第1項d号）と類似する。しかしながら，ベルギー法において不治（incurability）という要件が定められていることは，治癒をもたらす見込みのある治療を患者が拒否する場合には安楽死へのアクセスは認められないであろうことを意味するが[50]，オランダは，これと異なり，状況がより複雑である[51]。ベルギーにおいて，苦痛を緩和しうる治療を拒絶することはこの効果をもたないであろうし[52]，オランダもまた，暫定指針による（現在は放棄された）症状に基づく諸要素によって想定されていた類いの身体〔症状〕のケースに関して似たような状況にある[53]。

　症状に基づく要素と「合理的な代替策がない」という類いの要素の両方を放棄することで，同指針は，現行のあらゆる規制的制度よりもはるかに広範な潜在的被害者群に適用される。このようなものとしてたいてい想起されるのが，スイスの対応である。スイスにおいて自殺幇助が犯罪化されるのは，幇助者の動機が同情的というよりもむしろ利己的であった場合のみである[54]。そのうえ，自殺幇助罪が起草された当初，末期疾患の患者に対する医療上の自殺幇助に刑法典の関連条文が適用されるとは考えられていなかった[55]。

　「自殺幇助を医学的視点から考える議論は，まったくなかった。その代わ

---

49) House of Lords Select Committee on the Assisted Dying for the Terminally Ill Bill *Report*, HL Paper 86-I（2005）［269（c）(vi)］は，http://www.publications.parliament.uk/pa/ld200405/ldselect/ldasdy/86/86i.pdf で入手できる。
50) J Massion 'L'Exception euthanasique en droit Belge'（2005）124 Louvain Médical 238 at 243.
51) Griffiths et al, 前出注 31), pp 91-93.
52) Lewis, 前出注 48), n 24.
53) Lewis, 前出注 42), p 127.
54) Swiss Penal Code, art 115.
55) O Guillod and A Schmidt 'Assisted suicide under Swiss law'（2005）12 European Joural of Health Law 25 at 29.

りに，すべての議論は，自己自身または自己の家族の名誉を守るために自殺する人々や失恋した者が行う自殺に関する空想的なストーリーによって方向づけられていた。」

スイスの法的対応には，現在，被害者の症状または苦痛に基づく要件がない。自殺幇助条項に関係するスイスの諸々の組織は，各組織内でその種の要件を追加することについて様々な立場を採ってきた[56]。組織ごとに程度は様々であるが，自由主義的な傾向が強まっている[57]。この傾向は，スイスにおける法変容の現在のプロセスの牽引役の1つであるが[58]，これは，末期疾患の患者に対して症状に基づく制限を課す可能性が高いように思われる[59]。

VI. 組織または専門職者による自殺幇助

訴追に有利なもう1つの要素グループは，暫定指針におけるそれらの要素と非常に整合的であり，自殺幇助が（スイスのように）専門職者または素人組織による公然たる援助なしに未経験の個人が行うことを保証するよう考案されている[60]。すなわち，

「(11) 被疑者が被害者と面識がなく，かつ，例えば，ウェブサイトまたは出版物を通じて特定の情報を提供することによって，被害者が自殺を行いま

---

56) G Bosshard 'Switzerland' in Griffiths et al, 前出注 31), ch 16 参照。
57) Fischer et al, 前出注 34) 参照。
58) Federal Department of Justice and Police *Assistance organisée au suicide: examen approfondi des solutions envisageables et de la nécessité d'une nouvelle réglementation fédérale*（15 May 2009) p 7 は，http://www.bj.admin.ch/content/dam/data/gesellschaft/gesetzgebung/sterbehilfe/ber-org-suizidhilfe-f.pdf で入手できる。また，以下の言語でも入手できる。ドイツ語版 *Organisierte Suizidhilfe: Vertiefte Abklärungen zu Handlungsoptionen und -bedarf des Bundesgesetzgebers* は，http://www.bj.admin.ch/content/dam/data/gesellschaft/gesetzgebung/sterbehilfe/ber-org-suizidhilfe-d.pdf で。また，イタリア語版 *Assistenza organizzata al suicidio: analisi approfonditadelle possibilità e della necessità di intervenire sul piano legislativo* は，http://www.bj.admin.ch/content/dam/data/gesellschaft/gesetzgebung/sterbehilfe/ber-org-suizidhilfe-i.pdf で入手できる。
59) 前出注 47) 参照。
60) SA Hurst and A Maurson 'Assisted suicide and euthanasia in Switzerland: allowing a role for non-physicians'（2003）326 BMJ 271; Fischer et al, 前出注 34); Bosshard, 前出注 56)。

たは試みようとするのを奨励または幇助した。

⑿　被疑者が，お互いに面識のない複数の被害者を奨励または幇助した。

⒀　被疑者が，被害者または被害者と密接な関係にある者から，彼または彼女に対する奨励や幇助について報酬を支払われた。

⒁　被疑者が，医師，看護師，その他の医療関係者，専門の介護士（professional carer）〔有償・無償を問わず〕としての，もしくは看守のような当局者としての立場で行為していて，かつ被害者が彼または彼女の管理下にあった。

⒃　被疑者が，組織または集団であって，他人が自殺できるような身体的環境を提供すること（有償・無償を問わず）を目的とするものの管理者または従業員（有償・無償を問わず）としての立場で行為していた[61]」。

要素14は，最終指針において，ケア・ホーム／ナーシング・ホーム環境において患者をケアする人々だけにとどまらず，被害者をケアするすべての医療関係者を含むよう拡大された（「関連する論評」のうちの34%は，同指針にこれを含めることを好意的に受けとめた[62]）。両者は，少なくとも論理的には区別されているものの，こうした要素を含めることにつき，何らの説明もなされなかった[63]。最も寛大な解釈によれば，この点について同指針は，「正当化的アプローチ（justificatory approach）とは対照的な，免責的アプローチ（excusatory approach）」を主張している[64]。「〔ある〕免責事由の認定は，一部には〔被害者〕と〔被疑者の〕特別な関係から生じる良心に駆られた感情的なプレッシャーの経験と関連する」ため[65]，本解釈は有力なものとなっている。しかし，そうした「特別な関係」の存在または不存在は，同指針においてはもはや明示的な役割を果たさない。暫定指針において，「被害者の配偶者，パートナー，近親者または近しい友人」であることは，訴追にとって不利に斟酌され，その反対の場合は有利に斟酌される[66]。そうした「特別な関係」のない事件が追加審査を受けることはあるで

---

[61]　訴追に有利な要素10も，これらの要素に分類された。前出注44）および本文参照。
[62]　*Summary of Responses*, 前出注24), para 3.3.
[63]　Ibid, paras 3.6-3.7.
[64]　J Horder *Excusing Crime*（Oxford: Oxford University Press, 2007）p 228.
[65]　Ibid.
[66]　暫定指針・前出注7), 訴追に不利な要素6，訴追に有利な要素10。

あろうが[67]，任意性，不当な影響およびこのグループに由来する濫用リスクから，公訴局長官は，最終指針において被害者の配偶者等の要素について取りやめる事態に陥った[68]。あるいは，おおかた次のように結論づけることができよう。すなわち，同指針は，医療関係者による正当化の利用を防止しようとしているということである（例えば，生命維持義務と苦痛緩和義務の衝突に直面しているオランダの医師によって用いられている緊急避難（necessity）の抗弁[69]）。

　自殺幇助を（オランダとベルギーにおいては安楽死も）許容するその他すべての法域では，当該行為は全体的または部分的に医師の手により行われているが，それとは異なり，被害者にとって好都合なことに，家族ないし親しい友人の中に医学の専門知識をもった者がいて，彼らが専門的な助言または援助を行うことをいとわない場合，上記の要素が盛り込まれると，医療職の関与が妨げられる。開かれた医療的関与のもつ長所は多岐にわたっており，（近時のギルダーデール事件（Gilderdale case）で明らかにされたような[70]）失敗した自殺と自殺や自殺未遂による苦痛のリスクがより低くなること[71]，そして場合によっては，鬱病を含むこれまで知られてこなかった精神障害をスクリーニングする可能性をも含んでいる[72]。医師の介助を受けずに臨死介助（assisted death）に関与した160の家族，パートナーおよび友人への聞き取り調査の実施によって，ステファン・ジャミソン（Stephen Jamison）は，そうした医師でない者がどのようにして介助の成功を提供

---

67) 例えば，DPP, The Suicide of Mr Raymond Cutkelvin – Decision on Prosecution（25 June 2010）（http://www.cps.gov.uk/news/article/the_suicide_of_mr_raymond_cutkelvin_decision_on_prosecution/index.html で入手可）; DPP, No Charges following Death of Caroline Loder（16 August 2010）（http://www.cps.gov.uk/news/press_statements/cps_statement_on_decision_in_relation_to_doctor_elisabeth_wilson/ で入手可）参照。
68) Summary of Responses, 前出注 24），paras 6.18-6.20.
69) Lewis, 前出注 42），pp 76-81.
70) BBC Panorama *I Helped My Daughter Die*（2010年2月1日）（http://www.bbc.co.uk/programmes/b00qs930#synopsis で入手可）．
71) RS Magnusson *Angels of Death –Exploring the Euthanasia Underground*（New Haven, CT: Yale University Press, 2002）pp 202-210.
72) オレゴン州尊厳死法（Oregon Death With Dignity Act），第 3.03 条；ワシントン州尊厳死法（Washington Death with Dignity Act），RCW 第 70.245.060 条参照。

できたのかという点につき，以下のように問いかけている[73]。すなわち，

「かつて臨死介助を行ったことがあるか，またはこの臨死介助を遂げるという目的に資する十分に練られたモデルを用いたことがあるという場合を除き，どのようにすれば，最も『効率的』かつ感情面から見てもより肯定的な方法でもって臨死介助を遂げることができるのであろうか。……モデル，経験および訓練が欠けていると，これを遂げるためには，絶えず再試行しなければならないこととなる。あらゆる経験は，新たに，それ自体で不安，ためらいおよび無知を兼ね備えており，〔臨死介助に〕関わるほとんどすべての者は，リハーサルを経ずに舞台に立つ俳優であるといっても過言ではない。」

われわれは，最終的に，医療関係者が臨死介助に関与することは許されないとする制度を含む，以下に掲げる様々な選択肢の中から規制的制度を選択するであろう[74]。すなわち，医療職者は，こうした〔臨死介助〕を行うことのできる唯一の者であるとする制度である[75]。臨死介助は，医療関係者を含む多くの専門分野にわたるチームによって行われ[76]，医療職者を含む誰もが携わることができるとする制度であり[77]，あるいは臨死介助を行うことにつき国の認可を得

---

73) S Jamison 'When drugs fail: assisted deaths and not-so-lethal drugs' in MP Battin and AG Lipman (eds) *Drug Use in Assisted Suicide and Euthanasia* (Binghamton, NY: Pharmaceutical Products Press, 1996) p 223 at p 241. また，S Jamison *Final Acts of Love: Families, Friends, and Assisted Dying* (New York: GP Putnam, 1995) をも参照。
74) 例えば，HV McLachlan 'Assisted suicide and the killing of people? Maybe. Physician-assisted suicide and the killing of patient? No: the rejection of Shaw's new perspective on euthanasia' (2010) 36 Journal of Medical Ethics 306 参照。
75) 例えば，オランダ（2001年要求に基づく生命終結および自殺幇助（審査手続）法第20A条），ベルギー（2002年5月28日の安楽死法第3条第1項および第4条第2項），ルクセンブルク（2009年3月16日の安楽死および自殺幇助に関する法律（Loi du 16 mars 2009 sur l'euthanasie et l'assistance au suicide）第1条），オレゴン州（尊厳死法第3.01条）およびワシントン州（尊厳死法 RCW 第70.245.040条）参照。
76) K Faber-Langendoen and JHT. Karlawish 'Should assisted suicide be only physician assisted?' (2000) 132 Annals of Internal Medicine 482 at 486.
77) 例えば，スイス（刑法第115条）参照。

た者のみが、これを行うことが許容されているとする制度である[78]。現在、安全かつ穏やかに臨死介助を遂げるために必要な専門知識は、医療職者に一任され、彼らは、この臨死介助を遂げるために必要とされる薬剤の主たるゲートキーパーである。臨死介助を求める人々がアドバイスを受ける形式においてさえ専門知識にアクセスできず、また適切な薬剤にアクセスすることもできないようにする指針は、他の者がそうした専門知識を開発し普及するのを妨げられる場合もまた[79]、望ましくないものとされる。

医療が関わることを大きく妨げることで、同指針は、援助を行う友人や家族に大きな負担を負わせている。もはやこのグループにおいて訴追に有利な要素として何も挙げることはできないが[80]、それにもかかわらず、とりわけ職業上の立場において、または組織の一員として行為する人々にとっての関与リスクに鑑みると、それでもなお自殺幇助のほとんどは、そうした〔家族や友人らによる〕幇助と関連するであろう。

意図的なものであろうとそうでなかろうと、これらの要素は、英国内に限ってみれば、比較的多くはない自殺幇助の件数を増やさないであろう。しかし医療の関与を許容する法域への渡航は、ある者にとっては魅力的なものであり続けるであろうし、その場合には、このことによって、さもなければ被害者が望むであろうよりも早期に〔自殺幇助が〕行われてしまうかもしれない。〔自殺幇助を〕許容する法域への渡航が財政上または健康上の理由からできない場合、自殺幇助の負担は、経験がなく（要素12）、関連情報にアクセスしない（要素11）誰かが負うこととなるであろう。すなわち、「医学的状態、身体の構造、薬物歴および耐薬性は、すべて変わりやすいものであり、死を遂げる明確な算段を展開する場合が考慮に入れられなければならない[81]。」。こうした知識がなければ、また適切な薬剤へのアクセスがなければ、同指針は、おそらく以下のような自殺幇助をもたらすであろう。すなわち、医学的専門知識の利用が一定の方法で

---

78) 例えば、IG Finlay, VJ Wheatley and C Izdebski 'The House of Lords Select Committee on the Assisted Dying for the Terminally Ill Bill: implications for specialist palliative care' (2005) 19 Palliative Medicine 444 at 450 参照。
79) 最終指針・前出注11)、訴追に有利な要素11および12参照。
80) 前出注66)-68) および本文参照。
81) Magnusson, 前出注71)、p 203.

許容される場合よりも，被害者とその友人や家族（被疑者を含む）にとって，より困難で，より成功率が低く，より高次のストレスを要する自殺幇助がそれである。そうした協力的な友人や家族がいない人々は，彼らが望むよりも早期に自殺するか，もしくは彼らが自らの手でもって自殺することができるのであれば，自殺が許容された法域へ渡航するであろう。

VII. 不承不承の被疑者

　訴追に有利な要素グループは，（被害者の意思決定の有効性に疑いをかけるおそれのある）被疑者の動機と不当な影響を及ぼす可能性に関係づけられている。「被疑者がもっぱら同情によって動機づけられているわけではない」のであれば，おそらく訴追が行われるであろう[82]。被疑者による被害者への暴行歴または虐待歴は，この要素グループに意見募集の後に付け加えられた[83]。訴追に不利な6つの要素は，現在でも被害者の特性よりもむしろ主として被疑者の動機と行為に照準を当てている[84]。

　訴追に不利な2つの要素は，次のような理想的なシナリオであり，それは不任意の被疑者と決断を下した被害者に関するものである。すなわち，

　「(4)　被疑者が，被害者の自殺へとつながる行動指針を採用することを，その者に思いとどまらせようとした。
　(5)　被疑者の行為が，自殺をするという被害者の確定的な希望に直面した不承不承の（reluctant）奨励または幇助として特徴づけることができる。」

　これらの要素が含まれることについては，それらが意見募集への回答者の3分の2によって支持されているにもかかわらず，何らの理由も呈示されてこなかった[85]。

---

82)　最終指針・前出注11），訴追に有利な要素6，訴追に不利な要素2。
83)　Ibid, 訴追に有利な要素9。
84)　*Summary of Responses*, 前出注24），para 6.6参照。
85)　Ibid, Table 6。

被害者が自らの意思決定に到達したと認識し，そうした状況において自らにとってそれが正しい行動指針であることに賛同しつつ，被疑者が被害者の意思決定を十分に支持している場合はどうであろうか。このような訴追は，おそらく，被疑者が「不承不承」であり，かつ被害者に「思いとどまらせ」ようとした場合の訴追よりも，公共の利益に適うものと認められやすい。訴追に不利な要素4は，自殺幇助を行おうという意思決定を，被害者がそれを思いとどまるように働きかけられるべき愚かで不合理な意思決定であることを想定しており，あるいは少なくとも，理想的な被疑者ならばその意思決定にいかに対応すべきかを示唆している。これら2つの要素を含むということは，家族または友人の側のある種の感情的な反応を示していると思われ，例えば，被害者が末期であるという診断を受け容れないことや，被害者に可能なかぎり生き続けてほしいと思うことがこれに当たる。さらに，このことは，次のような免責的アプローチを反映していると言えよう。すなわち，「〔被害者〕と（〔被疑者の〕関係の特別な性質から生じる）被疑者自身が〔被害者の〕要請に屈する妨げとなる，良心に駆られた感情的な苦境」を経験したことを被疑者に求めているのである[86]。

VIII. 自殺幇助に関する法の変容

　先の論稿において，私は，臨死介助に関する法の変容に関する3つの異なるメカニズムを検討した[87]。すなわち，第1が，カナダ[88]，アメリカ合衆国[89]および英国[90]における自殺幇助の刑法上の禁止に対して異議申立をするために人権請求を用いるという試みであり，第2が，――オランダでの臨死介助に関する法の変容のメカニズムである――生命維持義務と苦痛除去義務の衝突に直面する医師が用いることのできる，義務に基づく緊急避難の抗弁であり，第3が，フランス国家生命倫理諮問委員会（the French National Bioethics Advisory Committee）

---

86) Horder, 前出注64), p 225. 前出注64)- 69) および本文参照。
87) Lewis, 前出注42).
88) *Rodriguez v British Columbia (Attorney-General)* [1993] 3 SCR 519.
89) *Vacco v Quill* (1979) 521 US 793; *Washington v Glucksberg* (1997) 521 US 702. より近時のものについては，*Baxter v State* (2009) 354 Mont 234, 224 P3d 1211 参照。
90) *R (Pretty) v Director of Public Prosecutions* [2002] 1 AC 800; *Pretty v UK* (2002) 35 EHRR 1.

によって提案された同情に基づく法の変容である[91]。

パーディ事件判決は，彼女の私生活および家族生活を尊重するという原告の権利に基づいていたが，本件は，自殺幇助の刑法上の禁止に対する権利に基づく異議申立ではなく，むしろ明白な検察官指針に関する情報の請求であった。パーディ事件判決から生じた自殺幇助に関する法の変容は，これを権利に基づいて特徴づけることが困難である。なぜなら，とりわけ法の変容は，原告によって求められたものや貴族院によって要求されたものよりも，さらに先へと推し進められていたからである[92]。

このコンテキストにおける緊急避難の抗弁に対するコモン・ローとの不調和と医療に関する方針の立場に鑑みると[93]，ここでの法の変容のメカニズムは，義務に基づいたものではない。

被疑者が「もっぱら同情によって動機づけられていた[94]」とする要件は，同情が指針によって形成された法の変容の重要な牽引役であるということを示唆している。私は，かねてより，同情に基づく臨死介助に関する法の変容は，オランダ（義務に基づくアプローチ）とよく似た諸基準，つまり苦痛を緩和する合理的な代替策がなく望みのない耐え難い苦痛という本質的諸基準によって特徴づけられるであろう，と主張していた[95]。すなわち，被疑者の同情とは，被害者が経験する苦痛に対する反応である[96]。同情に基づく制度のもつこうした重大な特性を排除することにより，同指針は，被害者の苦痛に対する反応よりはむしろ，同情を非利己的なものとする不十分な理解によって判断を惑わされている。同情のこのような理解は，被疑者の動機が利己的であったときのみ自殺幇助を犯罪とする，スイスの対応を想起させるもう1つの徴候である[97]。同情に

---

91) Comité Consultatif National d'Ethique *Fin de vie, arrêt de vie, euthanasie* no. 63（27 January 2000）は，http://www.ccne-ethique.fr/docs/fr/avis063.pdf で入手できる。英語版 *End of Life, Ending Life, Euthanasia* も，http://www.ccne-ethique.fr/docs/en/avis063.pdf で入手できる。
92) 前出注 12)-14) および本文。
93) Lewis, 前出注 42), pp 83-97.
94) 最終指針・前出注 11), 訴追に有利な要素 6, 訴追に不利な要素 2。
95) Lewis, 前出注 42), pp 137 および 146.
96) Ibid, pp 112 and 146. L Blum 'Compassion' in A.O. Rorty（ed）*Explaining Emotions*（Berkley, CA: University of California Press, 1980）p 507 at p 509; L van Zyl *Death and Compassion: A Virtue-Based Approach to Euthanasia*（Aldershot: Aschgate, 2000）p 165 をも参照。
97) 前出注 54)。

関する公訴局長官の対応は意見募集を通じて批判されたが，こうした批判の内容は，回答の要約において説明されず[98]，また公訴局の回答は，純粋に量の比較に重きを置いたものでしかない。すなわち，「大多数の人々は，『同情』という言葉が暫定指針および最終指針の中で用いられている意味においてそれを理解しているため，その言葉が使われ続けているのである[99]」。

かくして，法の変容のメカニズムは，記述困難であり，上述の法の変容のメカニズムによって創設された制度を特徴づけるはずの制限を欠いている[100]。これに対して，最も重要な類似点は，アメリカ合衆国のオレゴン州とワシントン州において住民投票（ballot initiatives）の利用によって行われた，そしてオーストラリアのノーザン・テリトリーにおいて行われた法の変容であろう（法の変容に関するオランダの影響は，ベルギーにおいて，ベルギーの制度が法の変容のメカニズムとしての緊急避難から生じる制度と類似していることを示唆している[101]）。ここでは行われなかったのだが，法の変容は，議会での公的議論と審査に関係しており，意見募集に向けた量的な不分明な対応が粗末な代替物とされていたのである。

IX. 結　語

同指針が取り組むことになる危険性は，悪徳者もしくは虐待を行う家族や友人にさえ，そして医療職者にも向けられている。焦点を被害者から移すことに加え，規制的枠組みを創設することを回避する要望は，次のような事件に対して自殺幇助への扉を開いてきた。すなわち，現行の規制的枠組みにおいてはほとんど許容されないであろうが，必要とされる多くの専門知識をもつ人々，および被害者の意思決定に賛同する人々を訴追のリスクに晒している事件に対して，である。

驚くほどのことでもないが，同指針は，「議会のみが自殺の奨励または幇助に関する法律を改正することができる」ということを再び保障することから始

---

98) 「回答者の中には『同情』という言葉を用いることについて論評し，暫定指針はそれを誤って用いている，と指摘する者がいた。」 *Summary of Responses*, 前出注 24), para 2.14.
99) Ibid, para 2.15.
100) Lewis, 前出注 42), pp 138-149 参照。
101) Ibid, pp 153-157.

めた[102]。議会は,不本意ながらも自殺幇助に関するフォーマルな法の変容を引き受けたが,インフォーマルな法の変容は,パーディ事件における貴族院の驚くべき判決によって推し進められた。すなわち,同判決は,より寛大なその他の法域でまさに行われている自殺幇助に対してだけでなく,公訴局長官が,自殺幇助すべてを対象とする包括的指針を創設しようとしたことと関連しているのである。公訴局長官は,(訴追に有利な要素と不利な要素のいずれについても不十分なものではあるが)許容可能な自殺幇助の類型を暗に記述することで,包括的指針の創設を行ったのである。

オランダでは,一連の訴追およびその結果として,安楽死事件において医師に緊急避難の抗弁を用いることを認める司法決定と並んで[103],検察官ガイドラインが,安楽死に関する法の変容プロセスで重要な役割を果たしている[104]。オランダにおける法の変容は,これらの司法決定に強く影響を受けた。コモン・ローの法域で訴追が行われるのを避ける代わりに[105],オランダの検察官は,司法上の指針を得るために訴追を行っていた。すなわち,「オランダ訴追当局は,まさしく,法の限界を模索するために医師を訴追するという方法を用い,……〔かつ〕法務大臣の指示を受け訴追を行うことで,積極的に法の発展と明確化を成し遂げようとしてきた」のである[106]。オランダの検察官ガイドラインは,インフォーマルな法の変容の独立したメカニズムというよりむしろ,安楽死事件における司法のフォーマルな決定によって強く形成された。イングランドおよびウェールズにおいて,われわれはいま,不承不承の立法府,裁判所からのわずかな指針,および検察官によるインフォーマルな法の変容の不透明なプロセスとともに,未知なる領域の真っ只中にいるのである。

---

102) 最終指針・前出注11),para 5. *Summary of Responses*,前出注24),paras 10.9-10.17をも参照。
103) JM Cuperus-Bosma et al 'Physician-assisted death: policy-making by the Assembly of Prosecutors General in the Netherlands' (1997) 4 European Journal of Health Law 225; JM Cuperus-Bosma et al 'Assessment of physician-assisted death by members of the public prosecution in the Netherlands' (1999) Journal of Medical Ethics 8.
104) Lewis, 前出注42),pp 76-83, 99-101, 124-127および136参照。
105) Ibid, pp 95-97; M Otlowski *Voluntary Euthanasia and the Common Law* (Oxford: Oxford University Press, 1997) pp 170-184.
106) H Weyers 'Legal recognition of the right to die' in A Garwood-Gowers et al (eds) *Contemporary Issues in Healthcare Law and Ethics* (Edinburgh: Elsevier Butterworth-Heinemann, 2005) p 253 at p 264.

オーストラリアの状況　　　　　　

安楽死・自殺幇助と法
―― 比較法的アプローチ ――

ジョージ・ムスラーキス
甲斐克則（訳）

I. 序

　医療技術が，人間の生命のあらゆる側面にまで浸透してきていると思われる時代において，医療技術を評価するための倫理的基準，したがってまた法的基準は，誇張や修辞の中でしばしばまごついた状態にある。おそらく，人間らしい（それゆえに不完全な）状態が提起する諸問題は，〔本日の〕このような殊勝な討論を喚起する。というのは，しばしば起きるそれらの問題は，実際上，われわれのまさに現在の状態――生命の意味についてのわれわれの核となる価値体系や個々の諸定義――を脅かすからである。生と死の問題に関する議論状況の原因について合理的に説明しようという探究があるにもかかわらず，実は，今世紀末にあって，新たな道が開かれようとしているところなのである。本稿は，その問題に関する開かれた討論への通り道であり，技術における進歩がわれわれに対してもたらしてきたところの社会の現実との対決である。

　この討論の最前線にあるのは，安楽死――患者のメディカル・ケアの一部として，故意の作為または不作為によって患者を意図的に殺害すること――の問題に関する議論である。論者たちは，近年，その議論の論調がいくらか「高まっている」と述べている。身体的もしくは精神的な障害者という重荷を社会から

降ろす試みの下に,ナチス政権によって遂行された計画的殺人の亡霊を呼び出すのに費やされる時間は,現在では少なくなっている。安楽死は,今や,世界中の法的,倫理的および医学的な討論の最前線にある。アメリカ合衆国,イギリスおよびオーストラリアにおける最近の世論調査は,法律の改正を望む声が高まってきていることを示している(1996年のオーストラリアにおける世論調査は,安楽死法制化に対して75パーセントの支持を示している[1])。〔アメリカ合衆国の〕オレゴン州は,医師による自殺幇助を法制化し[2],また,オランダやオーストラリアのノーザン・テリトリー(Northern Territory——北部準州〔以下「ノーザン・テリトリー」という。〕)は,安楽死を法的に容認できるものとしている(もっとも,後者の法域の場合,短期間だけであった。)。

本稿では,オランダにおける安楽死に関する現在の法原理と,オーストラリアのノーザン・テリトリーにおいて採用されたが短命に終わった法律との比較を描くことによって,安楽死議論に関するいくつかの法的および道徳的な諸問題を検討することにしたい。安楽死論争が中心題目としている基本的な概念と論拠を描写したあと,オランダとノーザン・テリトリーの特殊な諸経験が,それぞれの法的立場の歴史的発展,そのような立場の実践的意味あい,そして競合する枠組みの本来的な強さと弱さの認識を通じて考察されることになるであろう。最後に,オーストラリアにおける法改正の将来的な方向について,特にこのように物議をかもす規制の領域の社会政策的コンテキストに関して論評しよう。その議論の中で,安楽死についての倫理的問題を示し,明確な立法的枠組みの確立に関するニーズを論証したいと思う。

II. 予備的な定義

安楽死を扱っている学説や関連する実務において用いられている用語に関しては,大きな混乱がある。それゆえ,まず最初に,その論争をめぐる基本的な

---

1) Magnusson, R "The Future of the Euthanasia Debate in Australia", *Melbourne University Law Review*, Vol. 20, No. 4, (1996), pp. 1108-1142 参照。
2) 有権者主体の住民投票に基づいている。Keown, J "Introduction", in Keown (ed), *Euthanasia Examined: Ethical, Clinical and Legal Perspectives*, Melbourne: Cambridge University Press (1995), p. 2 参照。

用語について定義することが重要である。

(a) 自殺幇助 (*assisted suicide*)：医師が，意図的に (knowingly)，かつ故意に (intentionally)，患者が自らの生命を奪うための手段を患者に与え，もしくはその幇助をすること。
(b) 積極的任意的安楽死 (*active voluntary euthanasia*)：医師が，患者の願望に従って，疾病の負担を除去する目的で，故意にかつ直接的に末期疾患の患者の死を惹起すること。
(c) 消極的安楽死 (*passive euthanasia*)：延命治療の中止に伴う死。
(d) 不任意的安楽死 (*involuntary euthanasia*)：患者がその願望に反して殺害されること〔強制的安楽死：訳者〕。
(e) 非任意的安楽死 (*non-voluntary euthanasia*)：患者の願望が不明な場合，もしくは安楽死に対する要求がない場合。

III. 安楽死と法の道徳的限界

　安楽死の反対者たちは，2つの主要な論拠に基づいて，安楽死の実施および合法化に反対している。まず第1に，彼らは，故意の殺害を容認することは，生命の神聖さの原理 (the sanctity of life principle) を侵すので，本質的に不道徳である，と想定している。この論拠は，（それに限定されるものではないが）宗教的信念を包含している。第2に，彼らは，故意の殺害を禁止する基本的なルールに対して限定的であれ例外を認めることは，倫理的にも実際上も必ずやより広範な妥協を伴う，と主張する。これは，通常，「滑りやすい坂道 (slippery slope)」論として，学説において言及されている。
　生命の神聖さの原理に基づいて安楽死に反対する者たちは，罪のない人の生命を故意に奪うことは，基本的に不法であり，生命の終結それ自体として，あるいは生命の良き終結の手段としては，決して正当化できないものである，と主張する。ローマ教皇ヨハネ・パウロ2世 (Pope John Paul II) の言葉によれば，

　「実際，それは，道徳的な法，ひいてはその法の編纂者であり保証人であ

る神自身に背くゆゆしき行為である。それは，正義や慈悲という基本的な徳に相反するものである³⁾。」

　かくして，生命の神聖さの原理を支持する者たちの観点からは，生命の観念が最も重要であることが支持されえないような一連の条件は存在しえない。
　ロナルド・ドゥオーキン（Ronald Dworkin）教授は，生命の神聖さの議論に対応する中で，ここでの重要な問題はわれわれが人間の生命を評価すべきかどうかではなく，われわれがいかに評価すべきか，ということである，と論じている⁴⁾。ドゥオーキンによれば，生命の価値は，2つの異なる要素から成る。すなわち，自然に与えられたもの（natural investments）と人として与えられたもの（human investments）である。自然に与えられたものとは，神，あるいは目的にあった自然から，人が受ける天賦の才能であり，人間の生命に価値を与えるものである。自然に与えられたものは，人として与えられたものとは対照的である。後者は，個人が自己自身の生命とまわりの者の生命の双方に対してなす貢献（寄与），と定義される。このような観点から，ドゥオーキンは，安楽死の問題に関するある者のスタンスは，その連続体に即してその与えられたものの各々に付着した価値に従って決定される，と提案しているのである⁵⁾。国家は，そのような決定に干渉する権利はない。というのは，その選択は，個人の道徳的，宗教的，もしくは精神的信念という領域の中にだけあるものだからである⁶⁾。
　ドゥオーキンの立場は，経験的利益（experiential interests）と重大な利益（critical interests）として彼が述べるものとの区別を通じて，より精緻になる。経験的利益は，経験上，自らが行いたいことを好むがゆえにそうするとき，充足される。他方，重大な利益は，その充足によってわれわれの生活の質をより良いものに

---

3)　*On the Value and Inviolability of Human Life, Evangelium Vitae*, 25 March 1995.
4)　Dworkin, R, *Life's Dominion: An Argument about Abortion and Euthanasia*, New York: Knopf （1993）.
5)　*Ibid* at pp. 91-92.
6)　*Ibid* at pp. 155-156.

すると考えられているような利益に属する[7]。ドゥオーキンは，安楽死は個人の自律（autonomy）と患者の最善の利益（best interests）に関係する問題であり，そしてそれ自体，価値の連続体（the continuum of values）に関するある者の個人的なスタンスという観点から，重大な利益と経験的利益の双方の考慮が必要である，と主張している。彼にとって問題は，生命の神聖さが，人間らしさ（humanity）や憐憫（compassion）といった他の何らかの価値に比して劣るかどうか，ということではなく，むしろ生命の神聖さがいかに理解され尊重されるべきか，ということなのである[8]。ドゥオーキンは，生命の終結に関する決定についての責任を個人の支配力の中に位置づけ，そしてそのような問題への国家の干渉は，人々が権利とみなしている行為態様をとるための法的な手段を人々に提供することに制限されるべきである，と主張している。本質的に，彼は，「死ぬ権利（right to die）」に賛成している。

ドゥオーキンの立場は，危険にさらされている諸々の価値や利益へのアプローチおよびそれらの評価を形づくる多くの構成要素を考慮に入れることができない個人の自律と合理性という概念を前提にしているとの理由から，批判されてきている。何びとも，空虚の中には存在しえず，自己自身の運命に対するコントロールの行使は，それがその範囲内で運用されるところの社会的，医学的コンテキストによって決定的に形成されるのである[9]。この観点から問題となるのは，選択する権利ではなく，一定の条件下で合理的に，すなわち自由で責任ある人間として選択を行う能力である。この主張は，もし安楽死の実施が法的に認められれば，安楽死の運用と効果を規制することが困難になる，ということに注意が向けられている。

それにもかかわらず，実務上の経験と経験的なデータからは，医師たちは患

---

7) ドゥオーキンの言葉では，次のようになっている。「ほとんどの人々は，親密な友人関係を享受し，また望んでいる。なぜなら，彼らは，そのような友人関係は良いものであり，望むべきものだと考えているからである……。自分の子供と親密な関係を持つことは重要ではない。なぜなら，私は，その経験をたまたま望むにすぎないからである。反対に，その経験を望まなければ，生活はより悪いものとなるであろう，と私は考えている。」*Ibid* at p. 202.

8) *Ibid* at p. 217.

9) 例えば，Finnis, J, "The Fragile Case for Euthanasia: A Reply to John Harris", in Keown, J *Euthanasia Examined: Ethical, Clinical and Legal Perspectives*, supra note 2 at pp. 52-53 参照。

者を殺害しており，呈示されている正当化事由は容易に1990年代の医療上の意思決定(medical decision-making)の現実と合致しない，ということが明らかになっている。それが暗示しているのは，もしそのような実務がすでに存在しているならば，そのときはそれを規制するために法律的な枠組みが重要となる，ということである。そのようなニーズは，現状において，開業医たちが刑事責任から自らを保護するために自分たちの行為についての人為的な分類に依拠せざるをえない，という事実によって浮き彫りにされている。それを説明しよう。

ほとんどのコモン・ローの法域(jurisdictions)では，今や，たとえこの治療で死期が早まる場合にでさえ，患者の治療拒否権を認めている。例えば，ブランド事件(*Airedale NHS Trust v Brand*[10])において判決を下したイギリス貴族院(House of Lords)は，持続的植物状態にある患者から人工的な水分補給を中止することを認めた。このケースにおいて貴族院の前に現れた問題は，そのような決定が生命の神聖さの原理と相容れないように思われる，ということであった。貴族院は，死を惹起する積極的な干渉と，貴族院が道徳的に正当化可能であると考えた不作為との区別とを採用することによって，そのジレンマを解決するという選択をした[11]。そのようなアプローチの弱さは，論理的にも道徳的にも，すぐに明らかになる。――人工呼吸器や栄養補給チューブのような――治療の中止が，いかにして現実的に不作為として分類されうるのか。貴族院自身も，そのような評決が「道徳的かつ理知的にも疑わしく[12]」，「非論理的な[13]」ものであり，偽善という非難を受けやすい[14]ものであると認めたが，それにもかかわらず，判決ではその立場を採り続けたのである[15]。

類似の諸判決が（コモン・ローの法域で）依拠してきたもう1つの根拠は，「二重の結果理論(double-effect doctrine)」と呼ばれているものである。その理論は，患者に薬剤を投与することが疼痛をコントロールする意図をもってなされるか，

---

10) ［1993］A. C. 789.
11) *Ibid* at p. 898.
12) *Ibid* at p. 898 (Lord Mustill による).
13) *Ibid* at p. 895 (Lord Mustill による).
14) *Ibid* at p. 865 (Lord Goff による).
15) 他の場所でも作為と不作為の区別は，裁判所によって拒絶されてきている。例えば，*Compassion in Dying v State of Washington* 79 F 3d 790 (1996)；*Quill v Vacco* 80 F 3d 716 (1996) 参照。

それとも死期を早める意図をもってなされるかもしれない、という考え方に基づいている。もし前者の意図が支持されれば、その行為は法的に正当化できるが、もし後者の意図が証明されれば、その行為は犯罪となる[16]。またしても、開業医たちは、彼らが良き医療慣行として理解している行為を正当化するために人為的な区別に依拠せざるをえない。上述の分析が暗示しているように、故意の殺害に対する包括的な禁止は、理論においてのみ維持されるにすぎない実務の一貫性を想定している[17]。作為と不作為の区別、および二重の結果理論に依拠する実務は、正当化しがたく、また最悪の場合、濫用されやすいものである。それゆえ、生命の終結の決定に関わる患者の権利を尊重することと、そのような権利の承認がもたらすであろう好ましくない結果を制限することとの間のバランスがとれるような方法を考えることが必要になってくるのである。

　生命の終結に関する決定を導くことのできるリーガル・モデルを確立するニーズについてと同様に、安楽死を取り巻く倫理的および実務的ないくつかの諸問題についても配慮してきたが、われわれは今や、オランダ法によって採用されたアプローチと、オーストラリアのノーザン・テリトリーにおいて短期間存在した関連する法律についての比較に進みたいと思う。この議論の目的は、裁判官による法創造（judicial law-making）と、安楽死を実施する医師に対して殺人罪についての「抗弁」を与える実務にその基礎を置くオランダの立場は、数年前にノーザン・テリトリーで導入されていた非常に規制された法律よりも、採るべき方法として好ましいものではない、ということを示すことである。

IV. 安楽死とオランダ法における医学上の緊急避難の抗弁の発展

　はじめに、安楽死（および自殺幇助）は、オランダでは正式に立法化されていない〔講演当時：訳者〕、ということを述べておくことは重要である。実際、（伝統的に定義されているような）そのような行為に対する禁止は、オランダ刑法典に

---

16) 例えば、*Auckland Area Health Board v A-G (NZ)* [1993] 1 NZLR 235 特に pp. 252-253（Thomas J. による）参照。

17) Chesterman, S, "Last Rights: Euthanasia, the Sanctity of Life, and the Law in the Netherlands and the Northern Territory of Australia", *International and Comparative Law Quarterly*, 47, (1998), Part 2, pp. 362-393 at p. 365 の中の関連する諸コメント参照。

そっくりそのまま残っている[18]。しかしながら、オランダの最高裁判所は、規定されたガイドラインに従って医師が安楽死を実施できるようにするための緊急避難（necessity）の抗弁を創出した。このことは、最低限の量刑（minimum mandatory sentence）すら殺人罪に対して与えられないという事実と結び付くものであるが、裁判所が、さもなければ犯罪となるような行為について医師を完全に免責するか、もしくは少なくとも非常に温情的な判決を下すことができる、ということを意味している[19]。オランダ刑法典第40条の緊急避難の抗弁は、「切羽詰まった（back-to-the-wall）」抗弁として記述されている。というのは、それは、その状況下で被告人が利用可能な選択肢が他に存在しなかったという場合にのみ依拠できるものだからである。また、緊急避難の抗弁は、コモン・ローの法域においても認められている。そのような抗弁がうまくいくためには、裁判所は、(a) 他の合理的な法的意見が被告人にとって合理的に利用できないこと、および(b) その犯罪によって惹起された侵害を、もし被告人が犯罪を犯さなかったならば続いて起きていたであろう侵害が凌駕するものであること（より小さい害悪原理（lesser evil principle））、を確信しなければならない[20]。しかしながら、コモン・ローの裁判所は、人工妊娠中絶のケースではそのような抗弁が適用できると認められているにもかかわらず、安楽死のケースに対してその抗弁を適用することには前向きな姿勢をとってきていない[21]。

---

[18] オランダ刑法典の関係条文は、第289条、第293条、第294条、および第40条である。（第289条）故意にかつ意図的に他者の生命を奪った者は、謀殺罪とする。刑の上限は、終身拘禁とする。（第293条）明示の真摯な要求に従って人の生命を奪うことは、いかなる者にとっても犯罪となる。刑の上限は、12年の拘禁刑とする。（第294条）故意に他者を自殺へと教唆し、もしくはその自殺行為を幇助し、もしくは自殺するための手段を提供した者は、自殺が行われた場合、3年を越えない拘禁刑の責任を負うものとする。（第40条）不可抗力（「緊急避難の抗弁」）によって犯罪を犯さざるをえなかった者は、刑事責任を負わないものとする。

[19] オランダの立場についてのより詳細な分析については、Sneiderman, B *et al* "Patient Autonomy and Defence of Medical Necessity: Five Dutch Euthanasia Cases", *Alberta Law Review* 34 (1996), pp. 374-415 参照。

[20] 例えば、*Perka* (1984) 14 CCC (3d) 385 (SCC) 参照。

[21] 例えば、*Morgentaler* (1975) 20 CCC (2d) 449 (SCC); *Davidson* [1969] VR 667 参照。謀殺罪に関して、自己の殺害への被害者の承諾が情状酌量の要件としては考慮されないことがコモン・ローの法域において認められていることは、何ら重要ではない。対照的に、オランダの裁判所では、謀殺罪についての有罪宣告が第289条でなされた場合には、量刑の考慮の際に、そのような承諾を考慮に入れることが認められている。

オランダ法における医学上の緊急避難の抗弁の発展に関する重要な出発点となったのは，ポストマ（Postoma）事件であった。1971年に，ポストマ医師は，1人の患者，つまりポストマ医師自身の母親に致死量のモルヒネを注射した。患者は，脳溢血を起こしており，耳が聞こえず，会話も困難で，さらに落下防止のために椅子に身体を縛り付けられていた。彼女は，何度も娘〔ポストマ医師〕に自分の生命終結を依頼したのであった。ポストマ医師は，刑法第293条で起訴された。1973年，刑事法廷は，ポストマ医師を任意的安楽死について有罪と判決し，1週間の執行猶予判決と1年間の保護観察（probation）を命じた。公判の中で，専門家証人の役割を果たした公衆衛生監督官（Inspector of Health）は，オランダの平均的な医師は，生命はつねに苦痛に満ちた最期まで引き延ばされるべきだという考えをもはや容認していない，と言明した。同裁判所は，それを是認することを表明した。同年に，オランダ王立医師会（the Royal Dutch Medical Association (KNMG)）は，安楽死の医療実務に関する実施要項（working paper）を作成し，その中で，そのような実務が殺人罪の抗弁の1つとして認められるよう勧告した[22]。オランダ王立医師会が当初は積極的・任意的安楽死の実践にしか関係せず，医師による自殺幇助の実践に関係しなかったことは，重要ではない（その立場はのちに変更されている）。

　1981年，一般の人が，重病の友人の自殺幇助でロッテルダム地方裁判所により有罪判決を下された。同裁判所が，自殺幇助の状況に対しても緊急避難の抗弁が適用されるように認めるという政策転換を勧告したのは，このときであった[23]。最終的に，1984年，安楽死の医療実務は，医師による自殺幇助のそれと同様に，オランダ王立医師会の執行委員会とオランダの最高裁判所によって是認された[24]。その実務が容認されるためにオランダ王立医師会が輪郭を描いた諸条件は，以下のように要約できるであろう。

1. それは，患者の決定でなければならず，患者の家族の決定であってはならない。患者は，決定能力を有していなければならない。医師は，家族に

---

[22] "The Problem of Euthanasia", (1973) 28 Medisch Contact 857.
[23] Leenen, H, "Euthanasia, Assistance to Suicide, and the Law", (1987) 8 *Health Policy* 197 参照。
[24] "Vision on Euthanasia", (1984) 39 Medisch Contact 990.

告知することを望まない患者の希望を尊重するものとする。その決定は，任意のものでなければならない。もしその願望が家族の面前で伝えられるとすれば，それはまた，非公開で伝えられなければならない。死に対する願望は，「首尾一貫していて永続的で，十分に考慮されたもの」でなければならず，また，「自己の医学的状況と適切な予後についての明確な像」を有していなければならない。
2. 患者は，「耐えることのできないような，受け入れ難く希望のない苦痛」を経験していなければならない。これは，身体的疾患の結果として生じる耐え難い肉体的疼痛（physical pain）か耐え難い精神的苦痛（mental suffering）のどちらでもよい。オランダ王立医師会の執行委員会は，最近のペイン・コントロール技術があれば，安楽死は，肉体的な苦痛に対する対応としてほとんど正当化できない対応となる，と述べている。
3. オランダ王立医師会は，患者が末期症状になければならないと明記するのは，不当に制限的である，と述べた。
4. 担当医は，患者の要求に応じる前に，経験ある同僚に相談しなければならない。

画期的事件は，アルクマール（Alkmaar）事件である[25]。このケースでは，患者は，高齢の女性で，動脈硬化を惹き起こす疾患に罹っていた。彼女は，食べたり飲んだりすることもできず，死の直前には一時的に意識を喪失していた。この患者は，自分の意思で安楽死の願望を表明し，そして意識を取り戻したのちにもその要求を繰り返した。最終的に，彼女の主治医は，患者が回復の見込みがないという点で意見が一致している同僚の医師からのアドバイスを受けたあとに，彼女の生命を終結させる決定をした。その医師は，オランダ刑法第293条で有罪の宣告をされた。医師は，緊急避難の抗弁を持ち出したが，彼の主張は拒絶された。患者は耐え難い苦痛を受けてはいたが，彼女の生命を終結させることが，採りうる唯一の選択肢であったということは明確に証明されていない，と判示された。しかしながら，裁判所は，医師がその決定について注意深

---

[25] *Nederlandse Jurisprudentie*（1985）No. 106.

く考え,一般に普及している条件と意見に沿って行動した,と判断したので,刑罰は科されなかった。

　上訴されたのち,オランダの最高裁判所は,その医師には,刑法第40条の下での緊急避難の抗弁に成功する資格があることを容認し,医師の有罪を覆した[26]。最高裁は,医師が「義務の衝突 (conflict of duties)」に直面したかどうかを,下級裁判所が不当にも考慮しなかった,と判示した。なお,「義務の衝突」とは,ここでは,一方での(刑法第293条の下で)患者の生命を維持する義務と,他方での患者の苦痛を除去する義務との衝突のことである。最高裁は,医の倫理 (medical ethics) の有力な基準によって評価された信頼できる医学的意見に従って緊急避難の状況が存在していたかどうか,そしてそれゆえに被告人に刑法第40条の下での緊急避難の抗弁の資格があったかどうかを下級審裁判所が考慮しなかった,と判示した[27]。アルクマール事件判決は,生命が救助されるよりも終結されるような状況にまで緊急避難の途が開かれているという点で,緊急避難の抗弁に関する伝統的な理解から逸脱するものである。そのうえ,この判決は,緊急避難の抗弁に基づいて殺人が正当化されてよい条件を決定する権限

---

[26]　アルクマール事件最高裁判所判決に関するこれ以上の詳細については,Keown, J "Euthanasia in the Netherlands" in Keown, supra note 2 at p. 263 参照。

[27]　1991年には,シャボット (Chabot) 医師が,致死量の薬剤を処方することによって40歳の女性が自殺するのを幇助した。その患者は,長期のうつ病罹病歴があったし,夫の暴力もあった。また,2人の息子も死んだが,その死因は,1人が癌で,もう1人は自殺によるものであった。次男が死亡したのち,彼女は自殺することを決断した。精神科医であるシャボット医師は,彼女を,重篤で治癒し難い精神的苦痛を受けているものと診断した。医師は,彼女を援助することによって,一般に普及しているガイドラインを充足することができるという結論に達した。彼は,何人かの同僚に相談したが,その中の誰も彼女を直接診断した者はいなかった。シャボット医師は,彼女の死を検死官 (coronen) に報告した。彼は,刑法第294条で起訴された。1993年,刑事法廷は,医学的調査と医の倫理によれば,シャボット医師は義務の衝突に直面しており,緊急避難の支配下に入っていた,と判示した。1994年,最高裁判所は,肉体的苦痛もしくは末期段階の症状が存在しないことが,あるケースを緊急避難の抗弁から自動的に排斥するものではない,と判示した。問題となるのは,苦痛の量であって,苦痛の原因ではない。しかしながら,そのようなケースは,極度の注意を払って扱われるべきであり,またその抗弁が適用されるためには,独立した医学の専門家によってその患者が診断されているべきである。かくして,緊急避難の抗弁は拒絶され,シャボット医師は,刑法第294条で有罪判決を下された。なお,最高裁判所は刑罰を科さなかった (Chabot, Supreme Court, N. J. 1994, No. 320 参照)。

　　また,Schoonheim, Supreme Court, N. J. 1984, No. 106; Admiraal, Court of Appeal of the Hague, N. J. 1985, No. 709; Kors, District Court of Almelo, N. J. 1992, No. 709; Duintjer, Court of Appeal of the Hague, N. J. 1992, No. 457 をも参照。

を，医学的意見に対して認めているように思われる。

現在論じる必要のある問題は，こうである。すなわち，任意的安楽死の容認が論理的かつ実践的に非任意的安楽死の容認に至るであろうという，任意的安楽死反対論者たちの主張に対して，オランダの立場は，何らかの支援を提供するのか (いわゆる「滑りやすい坂道 (slippery slope)」論)。批評家たちは，裁判所に次々と事件が持ち込まれ，安楽死に関連して緊急避難の抗弁が有効に行使できると認定されていることが，「滑りやすい坂道」の存在を示している，と主張してきている。例えば，当初は緊急避難の抗弁は末期疾患の患者のケースに制限されていたが，その抗弁の実施の拡大は，徐々に，拒食症 (anorexia)，嚢腫結合組織炎 (cystic fibrosis)，そして臨床的うつ病 (clinical depression) といった病状にある患者をも含むようになってきている。

「滑りやすい坂道」論に対する1つの回答として，このような拡大は，そのような生命の終結についての決定に関する，根底にあるバイオ・エシックス，すなわち患者の自律 (patient autonomy) および善行ないし慈悲の原理 (principle of beneficience or mercy) の合法的な前進なのである，と言うことができよう。そのうえ，安楽死問題に関する医事法的合意 (medico-legal consensus) は，諸々の規則の予期せぬ適用を調整すべくさらに発展し，そして新たな規制や手続がその抗弁の適用を保護するために導入されてきている。例えば，1992年，オランダ精神医学会倫理委員会 (The Netherlands Association of Psychiatry ethics committee) は，精神疾患の患者が自己の生命を合法的に終結させることができるようになる前に充足されるべき諸条件を詳述した政策声明を発表した[28]。さらに，その政策が発展してくるにつれて，医師たちは，現在では，地方自治体の検死官 (coroner)

---

28) 「精神疾患の患者の自殺幇助に関する指針表明書 (Position Paper on Assisted Suicide of Psychiatric Patients)」。簡潔に要約すると，その条件は，それが自発的な選択でなければならず，また患者が精神能力を有していなければならないこと，持続的な要求が存在しなければならないこと，耐え難い苦痛が存在しなければならないこと，回復の見込みが存在してはならないこと，である。しかしながら，治療方法は考慮されなければならず，以下の基準に比して重要とされるときには，それらの治療方法が適用可能とされなければならない。すなわち，治療を確立するために必要とされる時間の幅，好ましい結果の見込み，その治療が患者にとって過度に負担となるかどうか，である。この最後の基準にまつわる問題は，患者自身に意見を求めることは，その実施について主観的になる，ということである。コメンテーターたちは，そのような条件設定は問題であり，「滑りやすい坂道」の状況への扉を開く可能性がある，と述べている。

に提出するために，安楽死の特別なケースの状況に関する詳しい質問事項を含む標準の書式に記入しなければならない。それから，検死官は，医師が命じられているガイドラインに従っていたかどうかを示す注意書きを付けて，それぞれのケースについての報告書を検察官に送る。それから，検察官は，疑わしいケースについて捜査を開始することができ，刑法典の下で起訴にまで至ることもある[29]。

　それから，さらなる問題が扱われなければならない。すなわち，安楽死に関するオランダの立場は，他の法域にとっても実践可能で，運用可能なモデルを提供できるのか。コメンテーターたちは，安楽死の問題に対するオランダの回答は，同国の4世紀にわたる寛容と個人の自律の尊重の伝統——社会的規制のその他の分野においても同様に見られる伝統——の産物であるということを即座に指摘している[30]。そのうえ，オランダの社会は，存在することが認知されている諸々の社会の慣行——社会の表面に現れてきて，それらに対してより強いコントロールを実施できるよう規制されてきた慣行——を取り扱うにあたり，プラグマティズムの伝統によって動機づけられているように思われる。最後に，オランダは，すべての国民に対して広範で大規模なヘルスケアを提供する包括的な国民健康保険の枠組みが存在するという点において幸運である。そのような枠組みが存在しなければ，自らのためにも家族のためにもヘルスケアを受ける余裕のない人々が，より安易に安楽死という途を選択するような急な下りの「滑りやすい坂道」に行き着くであろう，ということが指摘されている。それゆえ，安楽死問題に対するオランダの解決策には，オランダ独自の重要な社会政策的要素が存在している，ということが明白なように思われる。このことは，異なる社会政策的環境においては，オランダ・モデルの採用はたいてい不成功となるであろうことを意味している。

　オランダにおいては，先例方式で，安楽死問題に関する法律が現れてきている，ということを述べておくことは重要である。詳細な立法上の枠組みが欠け

---

29)　これに関して，Keown, J, "Some Reflections on Euthanasia in the Netherlands", In Luke Gormally (ed) *Euthanasia, Clinical Practice and the Law*, London: The Linacre Centre, pp. 193-218 参照。
30)　例えば，オランダ法が，人工妊娠中絶，同性愛，薬物犯罪，売春といった社会的問題に対処する方法を考慮されたい。

ているので〔本講演当時：訳者〕，関係する抗弁の全般的な適用は，一定程度不確かなものとされやすい31)。あるコメンテーターによれば，

> 「法的な基準を正確に同定することは不可能であるが，それらの定義づけだけをしてみよう。最高裁判所は，正確なリストを作成しておらず，下級審裁判所は，合意からはほど遠い基準のいくつかのセットを作成してきている……。要するに，そのガイドラインは，その曖昧さと，意思決定を個々の開業医に委ねているという事実のゆえに，彼らが指定する基準に従ってのみ安楽死が実施されるということを保証するためには，単純には使えない32)。」

上記の批判は，安楽死に関する法改正が国会を通じてなされるべきであり，関連する実務は，司法部による行政監督を受けることになる立法上定式化された一連のシステマティックで正確な基準に従ったときにのみ実践されるべきである，ということを意味している。そこで，そのような法律を制定した世界中で唯一の法域であるオーストラリアのノーザン・テリトリーについて考察することが適切である。

V. 安楽死に対するノーザン・テリトリーのアプローチ

1995年5月，オーストラリアのノーザン・テリトリー準州の25名から成る立法会議が，「1995年末期病者権利法」(the Right of the Terminally Ill Act 1995) を可決した。特にノーザン・テリトリーは，積極的任意的安楽死協会を持たない唯一の州あるいは準州だったので，この法律の出現は，世界中の法学者に驚きとして受け止められた。その法律は，1996年7月1日に施行されたが，1997年3月24日にオーストラリア連邦議会によって無効とされたため，その運用は，短期間であった33)。

---

31) これについては，Keown, in Gormally, supra note 29, at p. 211 参照。
32) Keown, J, "Further Reflections on Euthanasia in The Netherlands in the Light of the Remmelink Report and the Van Der Maas Survey", in Gormally, supra note 29, pp. 219-241, at p. 235.
33) 1997年安楽死に関する法律（Euthanasia Laws Act 1997 (Cth)）。

この法律の目的は,「自己の生命を人間らしい方法で終結させるために医療資格者からの援助を要求する,末期病患者の権利を確立する」ことであった。この目的は,「末期の疾患の途中において,患者にとって相当程度耐え難いほどの疼痛,苦痛および／または悲痛を経験している」成人患者に,「患者の生命を終結させるために患者の援助を医師に対して要求することを選択する」ことを認めることによって,達成されることとなった[34]。医師は,そのような要求に従う必要はなかったが,一定の条件に従ってそうすることもできた[35]。この法律に従って患者を援助した医師は,民事責任もしくは刑事責任,そして職業上の懲戒処分を免除された[36]。この法律は,自殺幇助と積極的任意的安楽死の両方を包含していた[37]。——それらの行為は,この法律の可決以前にはノーザン・テリトリーで禁止されていたし,（またおそらくはその廃止後も）禁止されている[38]。

　この法律の意図が,患者の自律と選択権に特権を与えることにあったということは,明らかである。しかしながら,そのような権利の行使は,次のような一定の条件に服していた。

　第1に,委任された医師は,合理的根拠に基づいて以下のことを確信しなければならなかった[39]。

(ⅰ)　患者が,通常の経過を辿れば,特別な手段を適用しない以上死亡するであろう疾患に罹患していること。
(ⅱ)　治癒の効果を期待して合理的に甘受することができる,患者に対する受容可能な医学的手段が存在しないこと。そして,
(ⅲ)　患者に対して合理的に利用可能なあらゆる治療が,患者を安らかに死にゆくにまかせる目的で,疼痛,苦痛および／または悲痛の除去に限定され

---

34)　1995年末期病者権利法（Rights of the Terminally Ill Act（1995））第4条。
35)　同法第5条。
36)　同法第20条。
37)　同法第3条。
38)　1983年ノーザン・テリトリー刑法（Criminal Code Act 1983（NT））第168条,第26条第3項,第162条第1項(a),第169条。
39)　1995年末期病者権利法第7条第1項(b)。

ていること。

　医師はまた，その疾患が患者に「深刻な疼痛もしくは苦痛」を惹き起こしていることをも確信していなければならなかった[40]。

　第2に，この法律は，当該医師と関係のない別の2人の医師がその患者を診察しなければならないことを要求していた[41]。特別な末期の疾患患者の治療の経験がある2番目の医師が，1番目の医師の診断した予後を確認しなければならず[42]，また，資格を有する精神科医が，患者は治療可能な臨床的うつ病に罹患していないことを確認しなければならなかった[43]。

　第3に，「患者の疼痛や苦痛を，患者にとって耐えうる程度にまで軽減するための，患者に対して合理的に利用可能な」緩和ケアの選択肢が存在する場合，援助を実施することはできなかった[44]。この条項が，そのような選択肢が必ずしもつねに使用できるとはかぎらないという推定に根拠を置いているということ，この点を指摘することは，重要である。これは，安楽死法に反対する人たちがつねにその議論の拠り所として持ち出す問題であり，本稿の結語において改めて検討したい。

　最後に，この法律は，患者が十分に情報を提供され責任ある選択をすることを保証するのを目的とした条項を含んでいた[45]。これらの条項には，7日間の「クーリング・オフ」期間や[46]，さらに関連する証明書に署名してから実際の生命終結行為までの間に48時間の経過が必要であるといった要件も含まれていた[47]。そのうえ，この法律には，要求の証明書の署名がその過程に関係する何びとも患者の死から利益を受けないことを保証するものであることを管理する規定や，患者にいつでも死ぬ要求を撤回することを許す規定が含まれていた[48]。

---

40) 同法第7条第1項 (d)。
41) 同法第7条第1項 (c)。
42) 同法第7条第1項 (c) (i), (iii)。
43) 同法第7条第1項 (c) (ii), (iv)。
44) 同法第8条第1項。
45) 同法第7条第1項 (c)。
46) 同法第7条第1項 (i)。
47) 同法第7条第1項 (n)。
48) 同法第7条第1項 (m), 第7条第4項。

上述のすべてが充足されると，医師は，「適切な医療水準」および規定された医療上のガイドラインの手引きを受けて，患者にその生命を終結させるための援助をすることができた[49]。

　末期病者権利法は，短期間に，4つのケースにおいて適用された。さらにもう2つのケースにおいて，援助のための必要な手続上の要件が充足された。利用可能なデータの量が相対的に少ないので，この法律の有効性について客観的に評価することは困難であるが，その運用には，当時オーストラリア国内で70－80パーセントの支持率があった[50]。この法律の長期的な効果は，安易には評価できないものの，その利点のいくつかは明らかである。まず，授与された権限の反倫理的な行使のゆえにこの法律に違反する罪を導入することにより，その法律によって保証された権利の濫用の可能性が論じられていた。これらの罪には，要求の証明書に関する署名の斡旋，あらゆる面での手続の強制，そして，医師または証人として患者の死から不当な利益を得ること，が含まれていた[51]。さらに，この法律に対するいかなる変更もさらなる立法を通じてしか行えなかったので，この法律は，非任意的安楽死だとか不任意的安楽死を含んだり，あるいは純粋な精神疾患に罹患している患者に対して適用されるような，起こりうる実践の拡大に対するよりよい保護手段を規定していたのである。

　しかしながら，この法律にも欠点がなかったわけではない。まず，この法律は，治療の選択肢の望ましさに関して，患者の主観的な意見に優先権を与えていた。それは，オランダにおいて批判されてきたアプローチである。そのうえ，同法の条項は司法上の解釈を受けるので，その適用は，オランダにおいて近年経験されているいくつかの問題から完全には逃れられない。にもかかわらず，この法律の細部への配慮は，そのような解釈が，立法者の意図あるいは同法の一般的な目的を実質的に変更する効果を持ちえない，ということを意味していたのである。

　先に示したように，1997年安楽死に関する法律（the Euthanasia Laws Act 1997）は，ノーザン・テリトリー自治法（the Northern Territory Self-Government Act 1978（Cth））を

---

49) 同法第7条第2項。
50) Chesterman, supra note 17, at p. 385 参照。
51) 1995年末期病者権利法第11条第1項および第11条第2項。

修正することによって,同準州の立法を無効とし,同準州の立法議会の法創出権限が,「安楽死と呼ばれる意図的な他者の殺害,もしくはその者の生命を終結するための幇助の形式を許す,または許す効果のある法律を創出するところまで拡大しない」ように規定した[52]。同法の無効化の時期が原因で,この法律の下で安楽死の資格を得ていた2人の者が,自らの意志を実現する機会を否定された。これら2人の患者は,苦痛を除去するという表面上の意図をもって,しかし,法律のパラメーターの範囲内で患者を殺すという潜在的な意図をもって,致死量の苦痛除去薬が注射される間,自らを昏睡状態に保つために薬をカクテルで投与されることに頼らざるをえなかった[53]。そのような出来事や,連邦議会の行動に対する度重なる公衆の抗議は,オーストラリアにおける安楽死論議が終息からはほど遠いことを明確にしてきている。

VI. これからの途 —— 安楽死問題に関する合意獲得

安楽死および医師による自殺幇助に関するノーザン・テリトリーの法律は,短命であったかもしれないが,重要な積極的効果をもたらしている。すなわち,それは,末期の疾患に罹患している患者が利用可能な緩和ケア施設の不足に対する注意を喚起した。結果として,オーストラリアのヘルスケア・システムに申告されている緩和ケア施設は,著しく改善された。このことは,最高の形式の緩和ケアでさえ,自らの生命を終結させたいという患者のニーズもしくは願望を軽減しえないような状況がつねに存在するということを示している。かくして,より多くの末期の疾患患者の立場が一般的に改善される一方で,立法的な干渉を通じてしか埋めることのできないギャップが残っている。オーストラリアは,安楽死と自殺幇助に関する新たな法律の導入に向けて必要なステップを踏むつもりなのであろうか。そのような方向の行動がとられるための社会的要因が存在することは明らかである。あらゆるコンテキストにおいて生命の神聖さの原理の至上性を支持する人たちの論拠は,傾聴され,最近の政策的協議事項を支配し続けている一方で,生命の神聖さの原理は,絶対的な原理として

---

52) 細則(Schedule)1は,自治法に新たに第50A条を挿入した。
53) 「二重の結果」原理への回帰である。

は，社会の中でその支持を失いつつある。より多くの人々が，そうするかどうかではなく，いかにして生命に価値を付けるか，が問題であることを悟るにつれ，そのような立法は避けられないものである，と合理的に推定することができる。コメンテーターたちは，オーストラリアにおける安楽死立法の導入をめぐる諸々の出来事は，女性に選挙権を与えようとする試みの中でオーストラリア法域が体験した経験に酷似している，と指摘している。100年近く前に与えられた社会的に公正な権利に帰着する，根本を覆す哲学が，安楽死の議論において優勢を示すであろうし，遠くない将来に，末期病者権利法の復活が起こるであろう，と言える。それは，大胆な政策的ヴィジョンと勇気を必要とするかもしれないが，そのような立法を支持する根拠が大きくなっていることは，次第に明らかになってきている。

　ドイツの哲学者，フリードリヒ・ニーチェ（Friedrich Nietzsche）は，かつて次のように述べた。

　「ある一定の状況下では，生き長らえることは見苦しいことである。臆病にも医師や機械に依存して植物のように生き続け，生存の意義や生存への権利が失われてしまったら，社会において重大な恥辱になる。私は，もはや誇り高く生きることができないときには，誇り高く死にたい54)。」

　ニーチェの「誇り高く死にたい」という願望は，最も無力で傷つきやすい社会構成員に敵対する社会の亡霊を呼び起こすかもしれないが，末期病者の唯一の利益が生命であるという想定は，過度な単純化である。

54）　Nietzsche, F, "The Twillight of the Idols", *The Complete Works of Friedrich Nietzsche*（1909-11）Vol. 16, p. 88.

第 2 部
大陸法圏国家の状況

ドイツの状況

第5章

臨死介助の刑法上の問題性

ハロー・オットー
甲斐克則・久藤克子（訳）

I. 概念的描写

　臨死介助（Sterbehilfe）の刑法上の問題性をめぐる論争は，不可罰的な消極的臨死介助（passive Sterbehilfe）と可罰的な積極的臨死介助（aktive Sterbehilfe）を対比させることによって十分に特徴づけられたし，現在もそうである。しかし，この区別は，問題性に適合していない。それどころか，この区別により，いずれか一方に分類されるという結果が考慮され，一定の事案形成が塩漬け状態にされる。それゆえに，望まれた結果こそが，決定的な分類基準になる。法解釈学上の諸基盤は，おろそかにされている。——法解釈学上の問題性を包括しうるためには，必然的な概念上の区別は，法的効果からは厳格に切り離されなければならない。臨死介助の概念は，広義には，その苦痛が不可逆的であり，致死的経過を辿ってしまっている患者に対する援助として理解されるべきである。かくして，その概念は，死が短時間内に発生するであろうことを前提とする狭義の臨死介助論を超える。

　以上のことから，それらの法的問題性に応じて，臨死介助の3つの状況が区別できる。

1　生命短縮を伴わない臨死介助

　生命短縮を伴わない臨死介助は，死にゆくに際しての介助（Hilfe beim Sterben）に該当する。その法的問題性は，死にゆくに際しての介助を患者に提供することになる侵襲の実施の正当化に関する問題である。

2　消極的臨死介助

　消極的臨死介助とは，延命治療の放棄またはすでに開始された延命治療の中止のことをいう。その法的問題性は，直接的には，自己決定権（Selbstbestimmungsrecht），すなわち不治の患者の自律（Autonomie）を認める点にある。

3　積極的臨死介助

　積極的臨死介助とは，疾患の過程への積極的な——治療の経過を超えた——影響力の行使によって，消えゆく生命を意識的に短縮することである。それは，基本的には殺人罪として可罰的であるが，例外的状況においては正当化が排除されるわけではない。

II．生命短縮を伴わない臨死介助

1　患者の明示的承諾

　生命短縮を伴わない臨死介助は，1つには鎮痛または苦痛緩和の措置を通して，それ以外では医的侵襲と結び付いた生命維持治療を通してなされる，と考えられる。これら措置は，本人の承諾によって正当化される。たとえ患者の意識障害または身体の統合性への重大な侵襲に至ろうとも，承諾は，侵襲を正当化する。いずれにせよ，有効な承諾の前提は，患者の理解能力と判断能力である。このことは，自己の決定の射程範囲を認識し判断する能力が存在するということでなければならない。それゆえ，患者の承諾に正当化効力を与えるべきだとすれば，知的に理解力のある患者は，基本的に，自己の状況を説明することができなければならない。

　本人が承諾を拒むならば，当該措置は違法である。本人が苦痛および疼痛を自ら引き受けるか，もしくは延命措置に承諾するか，それとも延命措置を拒否

するかは,もっぱら本人の決定にかかっている。本人の自律は,その決定に本人の位置づけと意義を与えるが,他者の基準では決定の判断を与えない。——ここで決定的な原則は,連邦憲法裁判所判決 BverfGE 52, 131, 178 (補足意見) において,印象深く説明されている。すなわち,「これに対して基本法第2条第2項第1文に照らすと,承諾の制度は,まったく自分独自の基準に従ってその承諾を与えるかこれを拒否するという患者の権利が保持され続けるという具合に実質的に規定されるべきである。つまり,この点について患者は,憲法に基づき,第三者および第三者の尺度に対してではなく,自己自身に対して責任をとらなければならない。この権利は,とりわけ憲法上,——例えば,疾患の重さ,侵襲の必然性,もしくは侵襲するかしないかということと結び付いたリスクの必然性によって——自己固有の統合性に関する患者の実存的決定が重要となる場合,尊重されかつ保護される。」と。

2 推定される承諾 (Die gemutmaßte Einwilligung)

具体的な措置または具体的な侵襲への明示的承諾が得られないならば,患者の自律を尊重することにより,患者個人の推定的意思を探求することが要請される。この意思は,個人的利益,願望,欲求および価値観といったような本人の個人的状況から探求されるべきである。患者の事前の口頭または文書による意思表示 (患者遺言 (Patiententestament),世話の指示 (Betreuungsverfügung)) は,患者の宗教的信条,年齢に条件づけられた平均寿命,疼痛の苦悩,医的予後の見込みのなさ,死期の切迫性,そして人間の尊厳にふさわしい生の回復の期待と同様に考慮されるべきである。客観的諸基準,特に,一般に「理性的」ないし「通常」のものとして評価されている措置,ならびに通常分別ある患者の利益に従ったものとして評価されている措置は,何ら独自の意義を持たない。それらは,個人の仮定的意思を探求するための手がかりとなりうるにすぎない[1]。この関連においては,患者の事前の文書および口頭による意思表示に特別な重みが与えられるが,しかし,必ずしもつねにそれに強制的な拘束力が与えられるわけではない。実存的決定は,つねに状況によっても形成され,その結果,意思の

---

1) この点については,BGHSt. 40, 257, 263; 35, 246, 249; *Coeppicusi*, NJW 1998, 3384; *Schöch*, NStZ 1995, 155; *Verrel*, JR 1999, 7 参照。

変更を考慮する可能性が排除されてはならない[2]。

3 推定的承諾 (Die mutmaßliche Einwilligung)

　本人の現実の意思が判然とせず，この現実の意思を推し量ることのできる手がかりがないとき，本人の仮定的意思が探求されなければならない。この状況においては，「賢明な法仲間（verständiger Rechtsgenossen）」の決定が参照される。さらに，保護法益ならびに被害者の法益を考慮して，そして刑法第34条において明示されている優越利益の原則による様々な重要な利益を衡量して決定されるべきである。例えば，事故の後に意識を喪失した負傷者が病院へ担ぎ込まれたとき，医師が，意識喪失者の意思に関する手がかりがなく，そして，このような状況において当事者の大多数は輸血に承諾をし，少数の者が拒否するということを知っているにもかかわらず，救命の輸血をすべきか否かという問題に直面する場合がそうである。この場合，本人の承諾が，客観的判断に従って，理性的患者という決定基準に該当するとき，正当化される。

4　治療および治療中止への承諾

　ある治療の引受けがもはや問題にならず，むしろ患者の身体の統合性と活動の自由への重大な侵襲と結び付いたさらなる治療が問題になるとき，患者の身体の統合性への侵襲の権利の問題には，特別な意義が与えられる。医師，家族，もしくは世話人（Betreuer）が，患者の意思とは別個に，独自の基準と観念に従って決定を下す危険性に遭遇する必然性は，治療中止の問題の場合にはじめて生じるのではなくて，すでに身体的侵襲と結び付いたさらなる治療の問題の場合につねに生じる。しかし，まさにこの場合でも次のことが妥当する。すなわち，

---

2) この点については，また，*Coeppicus*, NJW 1998, 3384; *Dölling*, MedR 1987, 8; *Eser*, in: Schönke/Schröder, StGB, 25. Aufl. 1997, Vor §§ 211 ff Rdn. 28; *Heine*, JR 1986, 317; *Hiersche*, MedR 1987, 83; *Hirsch*, Lackner-FS, 1987, S. 604; *Arthur Kaufmann*, MedR 1983, 123; *Kutzer*, ZPR 1997, 118; *Otto*, Gutachten D 41 zum 56. Dt. Juristentag 1986, 1986, Fn. 92; *Rieger*, Die mutmaßliche Einwilligung in den Behandlungsabbruch, 1998, S. 85 ff, 93; *Schöch*, NStZ 1995, 155; *Verrel*, JR, 1999, 7 をも参照。また，いわゆる患者遺言の拘束力に賛成するものとして，*Sternberg/Lieben*, NJW 1985, 2735 がある。また，*Arzt*, JR 1986, 310 f; *Füllmich*, NJW 1990, 2301; *Saliger*, JuS 1999, 19; *Schmitt*, MDR 1986, 620; *Uhlenbruck*, MedR 1983, 16; *ders.*, MedR 1992, 138 ff; *Weißauer/Opderbecke*, MedR 1995, 459 をも参照。

当該患者の意思を探り出すことができるならば，その患者の意思は私的自治（自律）（Privatautonomie）という決定的な基準によって決定されることになる。侵襲が患者の承諾によって裏づけられないとき，侵襲は中止されるべきである[3]。

さらなる身体的侵襲と結び付いた治療の継続への承諾が，周知の事態に基づいて推定されえないならば，その場合に必要とされる理性的な利益衡量の内部で，重点が変わってくる。すなわち，この利益衡量は，治療中止に関する権利の観点のもとにおいてのみならず，もっぱら治療中止義務の観点のもとで行われなければならない。なぜなら，患者の利益衡量を理性的に行う場合，もはや治療継続のために必要とされる侵襲への推定的承諾からは出発できないからである。
　単に苦痛を緩和するにすぎないかまたは完全に鎮痛する侵襲が問題となるとき，明らかに，この状況においては，なるほど生命に有利に決定されるべきである。しかし，まだ自分の手を動かすことのできる患者の場合，患者がチューブを引き抜くことを防止すべきであるという理由で，死ぬまで手を縛りつけることになる人工栄養補給は，そのような侵襲への権利の問題を投げかけざるをえない。延命的侵襲の権利の問題は，この状況において，治療中止の義務の問題へと変化する。

III. 消極的臨死介助

1　医師の保障人的義務

　患者の治療を引き受けたならば，医師には基本的に，患者の生命を守るために，自分にできることを行う義務がある。しかも，予測可能な期間，延命措置が死期を引き延ばすにすぎないことが確定しているときにも，その義務がある。医師がこの生命維持を故意または過失で懈怠すれば，不作為による過失致死罪または故意殺人罪のゆえに，その懈怠によって創出される生命短縮について有

---

3)　この点については，*Geilen*, Euthanasie und Selbstbestimmung, 1975, S. 8 ff; *Krey*, Strafrecht, B. T. 1, 11 Aufl. 1999, Rdn. 9 f; *Schmitt*, JZ 1985, 367 f もある。

責となりうる⁴⁾。延命義務は，たとえそれが短期間にすぎないにせよ，基本的に認められている。しかし，この義務の限界には問題がある。なぜなら，生命維持義務と患者本人の尊厳の尊重は，まさしく死因が明確に設定された状況では，そのまま一致させることができないからである。

2 狭義の消極的臨死介助

医師の確信によれば，患者の原疾患が逆戻り不可能（不可逆的）であり，すでに致死の経過を辿っていて，その結果短時間のうちに死が生じるならば，患者がそれを了解しているかぎり，延命措置——例えば，人工呼吸，輸血，もしくは人工栄養補給——を放棄することが許される⁵⁾。患者がその中止に異議を唱えるならば，患者の意思に従うのが妥当である。自分の人生にとってきわめて短時間であっても，それが患者にとってどのような価値を有するのか決定することは，すぐれて本人独自の利益である。

しかしながら，この死亡原因が明確に設定され，死が短時間のうちに発生し，意識喪失が明らかに不可逆的であるとき，状況は変わる。自らがもはや主体でありえない「人格的に空虚な人間の容器 (personal entleertes Gefäß des Humanum)」（ティエリケ (Thielicke)）を維持することは，明確に死亡原因が設定されている状況では，もはや死にゆく人の人格の尊厳の尊重を意味するのではなくて，人格としての本人に固有の死を拒否することによる人格の尊厳の侵害を意味するのである⁶⁾。

3 広義の消極的臨死介助

a) 本人の承諾

予後不良と診断された患者の場合，死にゆく過程がまだ始まっていないが，

---

4) この点の詳細について，*Hanack*, in: Hiersche（Hrsg.), Euthanasie, 1975, S. 136; *ders.*, Gynäkologe 1982, 109; *Rieger*, Einwilligung, S. 44 ff がある。
5) BGHSt. 40, 257, 260; 32, 367, 379 f.
6) この点については，また，*Bottke*, ZEE 1981, 123 ff; *Eser*, in: Lawin/Hath（Hrsg.), Grenzen ärztlicher Aufklärungs- und Behandlungspflicht, 1982, 87 f; *Geilen*, FamRZ 1968, 125, 109 f; *Hanack*, Gynäkologe 1982, 109 f; v. *Hippel*, BB-Beilage 23/1984, 9; *Jähnke*, LK, 10. Aufl. 1978 ff, Vor § 211 Rdn. 20; *Krey*, B. T. 1, Rdn. 8 f; *Otto*, Gutachten D 35 ff; *ders.*, Grundkurs Strafrecht, B. T., 5. Aufl. 1998, § 6 Rdn. 31; *Thielicke*, Wer darf sterben? — Grenzfragen der modernen Medizin —, 1979, S. 27 ff をも参照。

患者が自分の生命の危険な状況を知っており，そしてさらなる延命措置または新しい治療の開始，手術の実施，および身体の統合性へのその他の侵襲がなされないよう明示的に要求しているならば，患者の意思は，担当医を拘束する。そのことは，場合によっては行われうる「人工栄養補給」の中止に関しても，妥当する。なぜなら，栄養補給の中止とその他の生命維持措置の中止――例えば，レスピレーターの打切り――との相違は，患者の自律の尊重という視点のもとでは，何ら認められないからである[7]。疾患の進行が不可逆的な場合，「基本看護」は患者の意思に反してでも行われなければならないという結論は，患者の自己決定権を狭める理由にはならない[8]。瀕死の患者が治療措置によって死を引き延ばすか，それとも回避できない死に直面してあきらめて死を待つかどうかは，患者の実存的決定であって，ここで考慮すべき対象は，「理性的な」第三者ではない[9]。

患者本人の決定は，意識の喪失または自己答責的な意思（eigenverantwortlicher Wille）を形成することのできる能力の喪失後も拘束力がある。すなわち，本人の意思決定は，まさにこの状況においても自己の意思を貫徹するためにこそ形成されるべきであろう。

治療中止が積極的作為――例えば，蘇生器のスイッチを切ること――によって行われるか，それとも不作為――さらなる治療的措置が講じられないこと――によって行われるかは，法的に重要ではない。患者の意思に合致した治療措置の中止は，適法である。なぜなら，この行為は，患者の自己決定権，すなわち，基本法第2条第2項第1文の行動の自由および身体の不可侵性の権利の表出としての治療の自由という基本的権利を現実化するものだからである[10]。

治療を中止するかまたは終わらせるために器械のスイッチを切ることは，不

---

7) この点については，また，*Merkel*, ZStW 107 (1995), 561 f ; *Saliger*, JuS 1990, 20 もある。
8) *Saliger*, JuS 1990, 20. Fn. 59 をも参照。*Tolmeni*, KJ 1996, 517 は，異なる見解である。
9) BGHSt. 35, 367, 379 f 参照。
10) BGHSt. 40, 260; LG Ravensburg NStZ 1987, 229 およびそれについての *Herberg*, JZ 1988, 185 ff の論評 ; *Otto*, JK 87, StGB § 216/3 の論評 ; *Roxin*, NStZ 1987, 348 ff ; *Stoffers*, MDR 1992, 621 ff, 625 ff 参照。

作為ではなくて積極的作為である[11]。それにもかかわらず,学説において,この作為を不作為へと解釈し直す試みがなされるとき[12],その動機づけ——いわゆる積極的臨死介助との区別の理由づけ——は,なるほど傾聴に値する。しかし,新たに解釈し直すことは,その態度の義務違反のみが問題となるので解釈学上必要ではないし,また,「作為による不作為（Unterlassen durch Tun）」の導入によって,作為と不作為の概念上の区別が解消しないので,概念上も維持できない。

b) 本人の推定される意思

治療中止のための明示的な表明がないならば,推定によって本人の個人的意思が探求されなければならない。この場合,本人の現実の意思を探求することが重要なので,この意思は——その意思が確定されうるならば——明示的に表明された意思と同様に拘束力を有する。それは,推定によって確定された本人の意思は,明示的に表明された意思と同様に,本人の自律の表出であるということから帰結される。承諾能力または意思表示能力の喪失がその間に生じたとしても,そのことは,患者の意思表示の拘束力に影響しない。というのは,この状況は,自己決定権を排除するのではなくて,むしろ反対に,事前に意思表示された決定に,事情によってはまず第一に自己決定権の形成の余地を開いているからである[13]。状況証拠に基づいて捕捉された患者の意思に対しては,技術的に可能な最高の治療に関する独自の医的基準のほかに,補足的意義しか与

---

11) *Baumann/Weber/Mitsch*, A. T., 10. Aufl. 1995, § 15 Rdn. 33; *Bockelmann*, Strafrecht des Arztes, S. 112, 125, Fn. 45; *Maurach/Gössel/Zipf*, A. T., 7. Aufl. 1989, § 45 Rdn. 32; *Jähnke*, LK, Vor § 211 Rdn. 16; *Jescheck/Weigend*, A. T., 5. Aufl. 1996, § 58 II 2; *Langer*, in: Kruse/Wagner（Hrsg.）, Sterbende brauchen Solidarität, 1986, S. 123 f; *Rudolphi*, SK I, Stand: Okt. 1998, Vor § 13 Rdn. 47; *Samson*, Welzel-FS, 1974, S. 601 f; *Sax*, JZ 1975, 137 ff; *Stratenwerth*, SchwZStR 95（1978）, 67; *Zimmermann*, NJW 1977, 2104 参照。

12) *Bottke*, ZEE 1981, 126; *Engisch*, Gallas-FS, 1973, S. 177f; *Eser*, in: Eid（Hrsg.）, Euthanasie oder soll man auf Verlangen töten?, 1975, S. 60; *Geilen*, FamRZ 1968, 126, Fn.35; *Hanack*, Gynäkologe 1982, 112; *Krey*, B. T. 1, Rdn. 11; *Maurach/Schroeder/Maiwald*, B. T. 1, § 1 Rdn. 41; *Roxin*, Engisch-FS, 1969, S. 396 ff; *Schmidhäuser*, A. T., Stub., 2. Aufl. 1984, 12/54; *Schneider*, Tun und Unterlassen beim Abbruch lebenserhaltender medizinischer Behandlung, 1997, S. 144 ff, 174 ff; *Tröndle/Fischer*, StGB, 49. Aufl. 1999, Vor § 211 Rdn. 17 が,そうである。

13) BGHSt 40, 257, 262; *Coeppicus*, NJW 1998, 3382; *Hanack*, Gynäkologe 1982, 112; *Jähnke*, LK, Vor § 211 Rdn. 14; *Kutzer*, NStZ 1994, 114; *Otto*, Gutachten D 49 f; *Saliger*, JuS 1999, 19; *Schöch*, NStZ 1995, 155; *Schönke/Schröder/Eser*, Vor § 211 ff Rdn. 28.

えられない[14]。

c）本人の推定的 ── 仮定的 ── 同意

　本人の現実の意思を推論できる手がかりが欠けているならば，「一般的価値観に応じた基準に頼ることができるし，頼らなければならない。しかしながら，その際，慎重さが要求される。疑わしいことだが，人間の生命の保護は，医師，近親者，または他の関係者の個人的考えより優先される。個々のケースにおいて，決定は，当然，医的予後がどの程度見込みがないのか，患者にどの程度死期が迫っているのかにも左右される。一般的観念によれば，人間の尊厳にふさわしい生の回復が期待されなければされないほど，そして死が間近に迫れば迫るほど，それだけいっそう治療中止は擁護できるように思われる[15]」。──それゆえ，本人が他の決定を行うための手がかりが何ら存在しないならば，「いずれにせよ，患者の（仮定的）意思が，一般に正常かつ理性的とみなされるところのものと一致していることから出発すべきであろう[16]。」。

　それゆえ，患者の現実の意思が確定されえないならば[17]，原則として生命保護に優位性が認められるべきである。しかし，痛ましい最期に至るまで苦悩に耐えることを患者に強いることが重要なのでは決してない。死にゆく過程の引延ばしが，意識的に外界を把握すること，ましてや患者とコミュニケーションをとることを不可能にする苦痛と結び付いていることが確定されるならば，医師の生命維持義務は終了する。同様のことは，不可逆的な意識喪失が生じているとき，もしくは可能な手術によってそれが生じるであろうときにも妥当する[18]。

---

14) また，*Kutzer*, NStZ 1994, 114; *Schöch*, NStZ 1995, 155 をも参照。*Berger/Rössler/ Schreiber*, Dt. Ärztebl. 88（1991），B 2912; *Laufs*, NJW 1998, 3400 は，異なる見解である。
15) BGHSt. 40, 257, 263.
16) BGHSt. 34, 246, 250.
17) OLG Frankfurt JZ 1998, 799, 800 をも参照。
18) 個々のものとして，*Anschütz*, MedR 1985, 19; *Bottke*, ZEE 1981, 126; *v. Dellingshausen*, Sterbehilfe und Grenzen der Lebenserhaltungspflicht des Arztes, 1996, S. 425 f; *Detering*, JuS 1983, 419; *Dießenbacher*, Universitas 1987, 912; *Eser*, in: Eid（Hrsg.），Euthanasie, S. 59 f; *Geilen*, Euthanasie, S. 20 f; *Hanack*, Gynäkologe 1982, 110 f; *Hiersche*, Sitzungsbericht M zum 56. Dt. Juristentag 1986, M 7, 20; *Krey*, B. T. 1, Rdn. 9 f; *Lanter*, Recht u. Psychiatrie, 1994, 117; *Merkel*, ZStW 107（1995），573; *Otto*, Gutachten D 50 f; *ders*., Grundkurs Strafrecht, B. T., § 6 Rdn. 30; *Roxin*, in: Blaha u.a.（Hrsg.），Schutz des Lebens-Recht auf Tod, 1978, S. 89 f; *Schöch*, NStZ 1995, 155; *Spöttl*, Altenpflege 1994, 296 がある。

このような状況においては,「もはや生命が獲得されているとか,あるいは維持されているのではなくて,悲惨なプロセスが諸々の技術力によって引き延ばされているのである。それは,治療委任によって覆い隠せるものではない。それは,生命を延長するのではなく,死にゆくことを延長しているにすぎないのである[19]。」。

IV. 積極的臨死介助

1 いわゆる間接的臨死介助

疾患の進行への積極的な影響力の行使による消えゆく生命の短縮も,基本的に殺人行為である。それは,死にゆく患者の場合の,避けられない副次的結果として,死の発生を早める医療上必要な苦痛緩和措置,つまり,いわゆる間接的臨死介助（indirekte Sterbehilfe）にも適用される。行為者が,その措置の生命短縮作用を,起こりうるまたは避けられない副次的結果としてしかみなさないか否かに関係なく,行為者が生命短縮の具体的リスクを認識しているか,または生命短縮を,望ましいとみなされている苦痛緩和治療の避けられない副次的結果とすらみなしているならば,行為者は,生命短縮を考慮したうえで故意に行動しているのである[20]。

a) この行為は,殺人罪の保護領域からも除外されない。なぜなら,鎮痛と不必要な死苦から回避するための,治療不可能な患者または死にゆく人の治療は,生命短縮という副作用を背負うことになるが,社会全体の意味によれば,「第212条の意味における殺人行為とまったく別なものだからである[21]。」。――殺

---

19) *Coeppicus*, NJW 1998, 3386 および個々の事案群の詳細な記述のある S. 3385 f.
20) また, *Eser*, in: *Auer/Merzel/Eser*（Hrsg.）, Zwischen Heilauftrag und Sterbehilfe, 1977, S. 88; *Geilen*, Bosch-FS, 1976, S. 283; *Hanack*, Gynäkologe 1982, 113; *Jähnke*, LK, Vor § 211 ff Rdn. 15 in Verb. mit Rdn. 17; *Krey*, B. T. 1, Rdn. 12 ff; *Otto*, Gutachten D 54 ff; *ders.*, Grundkurs Strafrecht, B. T., § 6 Rdn. 33 をも参照。*Bockelmann*, Strafrecht des Arztes, 1968, 3, 25, 70 は,異なる見解である。
21) *Wessels/Hettinger*, Strafrecht, B. T., 22, Aufl. 1999, § 1 Rdn. 32. また, *Herzberg*, NJW 1996, 3049; *Jähnke*, LK, Vor § 211 ff. Rdn. 15 in Verb. mit Rdn. 17; *Krey*, B. T. 1, Rdn. 14 ff; *Tröndle/ Fischer*, Vor § 211 Rdn. 17 をも参照。

人罪は，主観的傾向に基礎づけられた一定の殺人行為に関して例外を許すことなく，死の惹起を禁止している。主観的傾向に基づいた殺人行為の阻却は，等価説（Äquivalenztheorie）の意味における「死の惹起として」，または「死において現実化する本人の生命の危険の創出ないし上昇（Begründung bzw. Enhöhung einer Gefahr）」として「人を殺すこと（Töten）」が定義されているかに関係なく，概念上排除されている[22]。——しかし，間接的臨死介助の範囲における殺人を含まないが，その他の殺人のケースを含む「人を殺すこと」という一般的拘束力をもった概念の定義は，これまでまだ提案されていない。

b) しかしながら，これらのケースにおいては刑法第34条における正当化が考えられる。なぜなら，人間の尊厳の尊重は，生命を短縮する苦痛緩和を正当化するからである。苦痛が意識を覆い尽くすがゆえに，自己の周囲および・または自己自身と精神的にコミュニケーションを図ることが当人にとってもはや不可能になるほどに，死因が明確に設定された状況において，苦痛，疼痛，および苦悩が個人を脅かすならば，医師は，次のようなとき，より高次の利益を認めることができる。すなわち，たとえ鎮痛措置が抽象的ではなく，具体的な生命短縮の具体的危険性と結び付いていようとも，医師が鎮痛のために必要な措置をとるとき，である。死にゆく者においても，人間の尊厳の尊重は，この介助を正当化する。そして，その介助の基準と範囲は，鎮痛のために必須の措置の要件によって決定される。その措置は，患者に人格として死ぬことを可能にするのであって，自らをもはや意識することのできない，苦痛によってのみ支配された存在として死ぬことを可能にするのではない[23]。

22) この点については，また，*Dölling*, JR 1998, 161; *Merkel*, JZ 1996, 1148 ff; *Otto*, Gutachten D 54 をも参照。
23) また，BGHSt. 42, 301, 305 およびそれについての *Dölling*, JR 1998, 160 ff, *Otto*, JK 97, StGB §212/3, *Schöch*, NStZ 1997, 409 ff; *Verrel*, MedR 1997, 248 ff. の論評 ; v. *Dellingshausen*, Sterbehilfe, S. 185 ff; *Engisch*, Euthanasie und Vernichtung lebensunwerten Lebens in strafrechtlicher Bedeutung, 1948, S. 5 f; *Eser*, in: *Auer/ Merzel/Eser*, S. 89 f; *Geilen*, Euthanasie, S. 23, 26; *Giesen*, JZ 1990, 935 f; *Hanack*, Gynäkologe 1982, 113; *Hirsch*, Welzel-FS, 1974, S. 795; *Lackner/Kühl*, StGB, 23. Aufl. 1999, Vor § 211 Rdn. 7; *Kutzer*, ZPR 1997, 119; *Langner*, in: Kruse/ Wagner（Hrsg.），Sterbende, S. 145; *Maurach/Schroeder/Maiwald*, B. T. 1, § 1 Rdn. 38; *Merkel*, JZ 1996, 1147; *Otto*, Gutachten D 56 ff; *Roxin*, in: Blaha, S. 87 f; *Schreiber*, NStZ 1986, 340; *Simson*, Schwinge-FS, 1973, S. 110 をも参照。

2 意図された生命短縮による苦痛の終結

　慈悲に基づいた殺人の原則的正当化は，刑法第216条における立法者の明白な決定によって考慮されない。医師にとって，さらなる鎮痛が不可能であろうとも，その苦痛を終結させるために瀕死の患者を殺すならば，それは治療委任を超えている。それゆえ，意図された殺人の正当化は，死にゆく人の明示的な要求がある場合にも，一般に拒否される[24]。——しかしながら，正当化を例外なく排除することは，この状況を正しく評価していないことになる。

　まれな例外的状況において，人間の尊厳の尊重は，生命の尊重に優先する。なぜなら，苦痛が他のあらゆる意識内容を押しのけ，患者が苦痛に我慢できなくなるのは，時間の問題でしかない段階にまで死にゆく過程が達しているからである。——この場合，是が非でも刑法第34条による正当化を考慮することができる[25]。

　ここでは，2～3年前に起きた事件が，格好の例である。

　トラック運転手と運転助手は，トラックで輸送中であった。事故に遭い，その車は火事になった。ハンドルの後ろに挟まれた運転手は生きていたが，体に火が燃え移り始めた。軽傷しか負わなかった運転助手には，運転手を引っ張り出す機会もその他の方法でこの状態から救い出す機会もなかった。やけどは致死的段階に達し，助けを求める運転手の声がすでに聞こえなくなったあとで，運転助手は運転手を撃ち殺した。

　現在，オーストラリアで多大なる共感をもってなされる臨死介助の法的規制に関する議論〔本書第4章参照：訳者〕において，苦痛が薬剤で十分にコントロールされないがゆえに尊厳ある苦痛のない死が不可能な患者のケースは，これとの関係で詳しく検討されることになるであろう[26]。——これらのケースにおいても，正当化が適当であるように思われる。

---

[24] この点については，*Schönke/Schröder/Eser*, Vor § 211 ff Rdn. 25; *Tröndle/Fischer*, Vor § 211 Rdn. 14 およびそのつどそこに掲載されたその他の文献参照。

[25] また，*Geilen*, Bosch-FS, 1976, S. 288; *Giesen*, JZ 1990, 935; *Herzberg*, NJW 1986, 1639; *Hirsch*, Welzel-FS, S. 795 f; *Jakobs*, Arthur Kaufmann-FS, 1993, S. 470 f; *Merkel*, JZ 1996, 1151; *ders.*, Jura 1999, 121; *Neumann*, ARSP, Beiheft 44, 1991, S. 254 f, 259; *Otto*, Gutachten D 60; *Schroeder*, ZStW 106 (1994), 580 をも参照。

[26] 1999年3月17日の FAZ, Nr. 64, S. 13.

ドイツにおける臨死介助および自殺幇助の権利

ヘニング・ローゼナウ
甲斐克則・福山好典（訳）

I. 臨死介助の伝統的形式

　2010年6月25日，連邦通常裁判所第2刑事部は，〔臨死介助の〕法史を叙述しつつ，ある臨死介助（Sterbehilfe）の事案に判断を下した[1]。同判決により，従来の学説上の臨死介助の分類は，崩壊する。しかし，まずは，臨死介助が従来どのように理解されていたかを概観しよう。

　伝統的に，間接的臨死介助（indirekte Sterbehilfe），消極的臨死介助（passive Sterbehilfe），積極的臨死介助（aktive Sterbehilfe）という3つの形式が区別されている。そのほかに，自殺幇助（Suizidbeihilfe）というカテゴリーがある。このカテゴリーは，ちょうど今，ドイツで論争の的になっているものであるが，このカテゴリーは，本講演の最後に取り上げる。法状況が区別問題と評価矛盾により特徴づけられることが明らかになる。ドイツにおける臨死介助は，捉え直しを迫られている。

---

[1]　BGHSt 55, 191 ff. = NJW 2010, 2964 ff.

1 積極的臨死介助の形式としての間接的臨死介助

　間接的臨死介助の許容性は，ドイツでは，すでにずっと以前から異論を見ない。間接的臨死介助の場合，苦痛緩和に主眼があるので，不可避的な生命短縮を甘受することが許される。医師には，副次的結果として死が早まることを認容し，または確実に予見しつつ，苦痛に喘ぐ死にゆく患者に多量の鎮痛剤を投与することが許される[2]。これに対し，死にゆく者に，その「明示的かつ真摯な」嘱託に基づき，ことさらに致死量の鎮痛剤を注射する者，つまり，意図的に死を惹起する者は，嘱託殺人罪（刑法第216条）で処罰される。これは，積極的（直接的）臨死介助の事例に分類される。

　この区別は，きわめて疑わしい。なぜなら，いずれの事例でも，患者の死が，積極的かつ故意に早められている，つまり，承知のうえで惹起されているからである。

　支配的見解は，可罰性と不可罰性の境界を，故意の種類の相違により判断する。疼痛緩和に主眼があり，死の発生の早期化が，意図されない副次的結果である場合，医師は，未必の故意（dolus eventualis）により，または——確実な生命短縮を認識するときには——第2段階の直接的故意（dolus directus 2. Grades）により，行為する。この場合には，単に間接的臨死介助が存在すると言われる。これに対し，医師が死を意図する場合，彼は第1段階の直接的故意（dolus directus 1. Grades）により行為する。この死は，主結果になる。この場合には，積極的臨死介助が存在する[3]。

　この支配的見解は，すでに刑法解釈論上の理由からして，あまり説得的でない。なぜなら，3つの故意の形式はすべて等しく扱われなければならない，

---

[2]　BGHSt 42, 301, 305; 46, 279, 285. 一部で，医師の側から，間接的臨死介助の重要性が疑われている（*Oduncu* MedR 2005, 516, 518; *Beckmann* DRiZ 2005, 252, 253 f. 参照）。緩和医療研究の科学的データは，オピオイドおよびその他の鎮痛剤が末期を短縮するのではなく，むしろわずかに引き延ばすものであることを明らかにした。しかしながら，これは，適切に薬剤を使用すれば間接的臨死介助はまったく存在しないも同然である，というだけのことである。したがって，間接的臨死介助は存在する。実際，緩和医の間でさえ，意見は一致していない。つねにとはいえないが，例えば，肺癌の場合，激烈な苦痛に対する有効な鎮痛療法が可能であるとされる。*Schöch/Verrel* GA 2005, 553, 574; *Wolfslast* FS Schreiber 2003, S. 913, 918 参照。

[3]　*Duttge* GA 2005, 573, 578 f.

という原則が妥当するからである[4]。刑法第212条以下の諸々の殺人構成要件には，行為の主観面において，何らの相違も存在しない。間接的臨死介助は積極的臨死介助の特別の下位事例であること[5]，そして，われわれは，この事例を不可罰と認めていることを単純に承認しなければならない。

2 消極的臨死介助

消極的臨死介助は，第1に，末期に実施される。患者の疾患は，不可逆的に死に至る経過を辿っており，間もなく死が発生する。これは，死にゆくに際しての介助(Hilfe beim Sterben)と呼ばれている。この場合，もはや治療の適応は存在しない。それゆえ，死にゆく者は，もはや延命措置の投入を要求することができない。

さらに，消極的臨死介助は，疾患が不治の経過を辿っている場合に，死にゆくことへの介助(Hilfe zum Sterben)としても行われる。昏睡患者が，器具の助けを借りれば，さらに長期間生きられる場合にも，同様である。これらの場合，延命措置，特に集中医療措置は，行わなくてもよい。すでに開始された措置，例えば，人工呼吸器の装着は，中止することができる。

立法者は，第2の形態〔の消極的臨死介助〕を認めている。なぜなら，立法者は，まさに，許容される臨死介助を末期に限定しないことを意図していたからである。2009年9月1日の患者の事前指示(Patientenverfügung)の法制化[6]をもって，民法第1901a条第3項は現在，疾患の種類および進行度がもはや問題にならないことを明確に規定している[7]。いわゆる範囲制限を予定していた反対の草案[8]は，退けられた。

「消極的臨死介助」の概念には，問題がある。第1に，患者を単に死にゆくにまかせればよいわけではない。基本的処置は，保障されなければならない[9]。

---

4) *Merkel* FS Schroeder, 2006, S. 297, 314.
5) *Rosenau* FS Roxin zum 80. Geburtstag, 2011, S. 577; MK-*Schneider* Vor § 211 Rn. 91; *Birnbacher* Tun und Unterlassen, 1995, S. 345.
6) BGBl. I, 2286 f.; いわゆる患者の事前指示法（Patientenverfügungsgesetz (PatVG)）。
7) これについては，*Hörr*, Passive Sterbehilfe und betreuungsgerichtliche Kontrolle, Baden-Baden 2011, § 7 AII1 を見よ。
8) *Bosbach*, BTDrs. 16/11360 および *Eibach* MedR 2002, 123, 138 の草案参照。
9) *Schreiber* NStZ 2006, 473, 474; *Hahne* FamRZ 2003, 1619, 1621.

治療目的は，新たな進路を与えられる。死の看取りに関する連邦医師会の原則（Grundsätze der Bundesärztekammer zur Sterbebegleitung）は，生命維持措置に代えて看護処置を含む緩和医療処置を行う，と定めている[10]。

第2に，消極的臨死介助は，まったくもって消極的ではない。ボタンを押すことにより，作動中の人工呼吸器が停止する場合，法的見地から見て，このことは明らかである。

支配的見解は，この状況を作為による不作為（Unterlassen durch Tun）と評価する[11]。なぜか。そうしなければ，当該行為を不作為による殺人と理解することができないからである。そして，不作為には保証人的義務（Garantenpflicht）が必要であるところ，この義務は，臨死介助状況下の医師にはもはや向けられず，それゆえ，医師は不可罰にとどまるという望ましい結論が導かれるからである。結局，この構成は，解釈論上の技巧に手を貸すものである[12]。

しかし，この臨死介助には，あいにく，消極的なものは存在しない。人工心肺装置のスイッチを切ることは，毒薬の注射に劣らず，積極性を必要とする。人工呼吸器のスイッチを切ることや，栄養補給チューブを取り外すことを，現象学的に見て，それは何かといえば，つまりは積極的作為であると正直に理解する者[13]は，積極的臨死介助を承認せざるをえない。刑法解釈論は，行為から非行為を生み出すことなどできないのである[14]。

もっとも，この場合，刑罰を科すことはできないという点で，われわれの意見は一致している。規範的にも，社会的な意味内容に従っても，治療中止（Behandlungseinstellung）がいかなる方法で行われるか，すなわち，治療を最初からまったく開始しないことにより行われるのか（不作為），それとも，治療開始後に中止することにより行われるのか（作為）で区別することはできない。ここでも，支配的見解は明らかに，積極的作為による臨死介助に接近することな

---

10) DÄBl. 2011, A 346, 347.
11) BGHSt 6, 46, 59; *Roxin* FS Engisch, 1969, S. 380, 396; *ders*., in: Roxin/Schroth（Hrsg.）, Handbuch des Medizinstrafrechts, 4. Aufl. Stuttgart 2010, S. 75, 95.
12) *Gropp* GS Schlüchter, S. 173, 182; *Verrel*, Patientenautonomie und Strafrecht bei der Sterbebegleitung, Gutachten C zum 66. DJT, München 2006, S. C 26; *Fischer*, StGB, 60. Aufl. München 2012, Vor § 211 Rn. 20.
13) *Rosenau* FS Roxin zum 80. Geburtstag, 2011, S. 577 ff.
14) *Mitsch*, in: Baumann/Weber/Mitsch, Strafrecht AT, 11. Aufl. Bielefeld 2003, § 15 Rn. 33.

く適切な結論を得ることを重視している。

新たな連邦通常裁判所判決は，この問題に向き合うものである。この点については，このあとで詳述する。

3 自殺幇助

第3の不整合は，自殺幇助の不可罰性を積極的臨死介助の可罰性と対比させる場合に，明らかになる。ドイツでは，正犯なければ共犯なし，という原則が妥当する。自殺は不可罰であるので，そこから自殺幇助の不可罰性も導かれる。生きることに疲れた者のために毒薬を入手し，提供する者は，その後，当該の生きることに疲れた者がその毒薬を自ら注射しても，処罰されない。自殺の理由は重要でなく，よくある失恋の苦しみのような，きわめて単純素朴な理由でも認められる[15]。これに対し，生きることに疲れた者の動機が非常に説得的で，あらゆる理性的人間が納得できるものであるのに，この動機に基づく切実な希望に応じて彼に注射を行う者は，処罰される。

判例が自由答責的自殺の場合にも救助義務を創出し，それにより自殺関与者の不処罰を回避したため，この混乱に拍車がかかる。生きることに疲れた者が意識を失うと，行為支配は，いまだその場に居合わせる医師に転換されるというのである。そして，当該医師は，保証人として，今や患者を救助する義務を負うとされる。かくして，幇助者は，当初，致死薬を入手することを許されていたのに，意識喪失が発生するやいなや胃洗浄を行わなければならない，という奇妙な事態が生じる[16]。その結果，医師は，生きることに疲れた者を1人で死なせるか，または，なるほど恐るべき死を招くが，救助可能性を失わせる青酸カリを利用するようになった[17]。この判例は，一般に認められていることだが，時代遅れであり，検察官も，もはやこれに留意していない[18]。

---

15) 適切なものとして，*Jakobs,* Tötung auf Verlangen, Euthanasie und Strafrechtssystem, 1998, S. 14.
16) BGHSt 32, 367, 376 参照。
17) *Hackethal*, OLG München, NJW 1987, 2940, 2942 f. の事件参照。
18) Staatsanwaltschaft München I, Beschluss vom 30.7.2010, AZ 125 Js 11736/98. 適切なものとして，*Roxin,* in: Roxin/Schroth（Hrsg.）, Handbuch des Medizinstrafrechts, 4. Aufl. 2010, S. 75, 108; v. Heintschel-Heinegg/*Eschelbach* § 216 Rn. 5; *Dölling* FS Maiwald 2010, S. 119, 123; *Kutzer* ZRP 2012, 135, 137 f.

II. 臨死介助の再編

1 プッツ判決の位置づけ

 2010年の連邦通常裁判所の基本的判決,いわゆるプッツ判決(Putz-Urteil[19])は,2つの重要な言明を含んでいる。

 第1に,本判決は,ドイツ第3帝国の経験に根差す安楽死のタブーを解消するものである。多くの者は,許容される臨死介助の形式が,積極的臨死介助から厳格に区別されると考えようとする[20]。これに対し,プッツ判決は,積極的に行われる殺人でさえ許容され,要請される状況が存在することを明らかにする。間接的臨死介助の場合,このことは,ずっと以前から気づかれていた。現在は,いわゆる消極的臨死介助の場合にも,この理解に従う最高裁判決が存在するわけである。「治療中止(Behandlungsabbruch)は,不作為によっても,積極的作為によっても,行うことができる[21]」という「公式の」要旨2は,こうした連邦通常裁判所の勇気に対する敬意を,はっきりと表現している。

 第2に,より重要なことであるが,ロクシン(Roxin)に由来する「作為による不作為[22]」がフィクションであることが暴かれている。これにより,消極的臨死介助の問題は,棚上げされることになる。今後は,治療中止のみを語ることができる。

2 消極的臨死介助から治療中止へ

 本判決は,76歳の高齢の昏睡女性患者に関わるものであった。本件の女性患者は,半昏睡状態にあり,もはや受け答えができなかった。それから5年後に,左腕切断手術を受けたあと,本件の女性患者は,身長159センチメートルながら,体重わずか40キログラムにまで痩せ衰えた。この症状の改善は,も

---

19) BGHSt 55, 191 ff. = NJW 2010, 2963 ff. および *Duttge* MedR 2011, 36 ff.; *Gaede* NJW 2010, 2925 ff.; *Hirsch* JR 2011, 37 ff.; *Kubiciel* ZJS 2010, 656 ff.; *Lipp* FamRZ 2010, 1555 ff.; *Rosenau* FS Rissing-van Saan, 2011, S. 545 ff.; *Wolfslast/Weinrich* StV 2011, 286 ff.; *Verrel* NStZ 2010, 671 ff. の評釈。
20) *Holzhauser* FamRZ 2006, 518, 524.
21) 強調は筆者による。
22) *Roxin* FS Engisch, 1969, S. 380, 396.

はや期待できなかった。家庭医と娘は，治療中止を決断した。彼らは，人工栄養補給を停止した。医師の所見では，治療継続の適応はなかった。本件の女性〔患者〕は，夫が脳出血を発症したのち，子どもらに対し，私は意識を失った場合に人工栄養補給および人工呼吸の形態における延命措置を希望しない，と伝えていた。本件の女性〔患者〕は，いかなるチューブにつながれることも望まないということであった。

もっとも，老人ホームの管理者が介入してきて，世話人に，栄養補給の再開を要求した。本件の女性患者に対し専断的に治療を継続することが，〔老人ホームへの〕立入禁止とともに通告された。その後，世話人は，患者への人工栄養補給に用いられているチューブを切断した。プッツ弁護士は，世話人に，この行動をとるよう助言していた。本件の女性患者は，病院に搬送されたが，同病院で死亡した。しかし，それは，数日後であり，自然死であった。フルダ・ラント裁判所は，プッツ弁護士に，刑法第212条，第22条，第23条，第25条の故殺未遂の共同正犯で有罪判決を下した[23]。

a) 消極的臨死介助

まず，そもそも，いかにしてこうした事態が起こりえたのかに疑問が生じる。なぜなら，プッツ弁護士は，明らかに消極的臨死介助の要件を充足しているからである。

(1) 疾患の種類と進行度

確かに，本件の高齢女性〔患者〕は，いまだ末期には至っていなかった。しかし，疾患は，すでに不治の経過を辿っていた。本件の女性〔患者〕は，精神的・肉体的に衰弱しており，それゆえ，消極的臨死介助の第2段階が存在した。すなわち，死にゆくことへの介助 (*Hilfe zum Sterben*) を行うことが許されていた。

---

[23] LG Fulda, ZfL (*Zeitschrift für Lebensrecht*) 2009, 97 ff. 刑法第25条第2項の共同正犯として位置づけることには疑問がある。しかし，連邦通常裁判所はプッツを無罪としたので，これを問題とする必要はなかった。

(2) 患者の意思

この場合，患者の意思が決定的である。患者の意思は，明示的に，または民法第1901a条の患者の事前指示の枠内で書面により表明されていた。その種の明示的な意思が存在しない場合には，推定的意思が重要である[24]。

本件では，明示的な意思表示が存在した。本件の高齢女性〔患者〕は，意識を喪失した場合における人工栄養補給と人工呼吸を承認していなかった。もっとも，この意思表示は，きわめて不十分なものであった。生命維持措置を望まない，または，障害に煩わされる生を望まない，という大雑把な要請は，直接的な拘束作用を生じさせるには，あまりに大雑把であるように思われる[25]。本件の女性〔患者〕は，夫の脳出血を目の当たりにしてこうした要請を表明した，という事情に鑑みると，有効な意思が存在したことを前提とすることができる[26]。

(3) 世話法上の許可

ドイツでは，民法第1904条第4項によれば，栄養補給の中止に対する世話法上の許可は，つねに必要とされるわけではなかった。同項によれば，監督機関としての世話裁判所（Betreuungsgerichte）は，紛争事例（Konfliktfälle），すなわち，世話人と主治医の意見が一致しない場合にのみ，管轄を有する[27]。世話裁判所による一般的な監督は，法律上予定されていない。

b) 消極的臨死介助の伝統的な正当化

しかし，本件では，プッツないし世話人が介入し，鋏でチューブを切断したため，消極的臨死介助は，正当化される治療中止として，その限界に直面する。「作為による不作為」説が認められていたことを思い出してほしい。したがって，もはや適応がない栄養補給，または患者が拒否した栄養補給が中止される場合，栄養補給器のスイッチを切ることは，（作為による）不作為と評価さ

---

24) BGHZ 154, 205, 211 をも参照。
25) BTDrs. 16/8442, 15. この種の状況の珍しさについては，NK-*Neumann*, 3. Aufl. Baden-Baden 2010, Vor §§ 211, Rn. 119 も同様である。
26) BGHSt 55, 191, 196.
27) BGHZ 154, 205, 227; BGH, NJW 2005, 2385.

れる。これにより，可罰性は，問題なく根拠づけることができた。なぜなら，さらなる治療の不作為による犯行は，医師の保証人的義務が欠けるがゆえに排除されるものだからである。

しかし，本件では，処罰されない形で治療を中止した医師は，存在しなかった。この行為を行った世話人たる第三者ないし共同正犯者としてのプッツが，存在したのである。この行為により，両者は，他人の救助的因果経過に介入した。しかし，救助的因果経過への介入は，完全に支配的な見解によれば，決して不作為ではなく，つねに積極的作為なのである！[28]

c)　臨死介助の新たな構成としての治療中止

そうだとすれば，フルダ・ラント裁判所は，適切に判断を下したといえよう。それゆえ，連邦通常裁判所は，一歩を踏み出さねばならなかった。連邦通常裁判所は，このさらなる一歩を踏み出し，作為による不作為というカテゴリーを拒否し，積極的作為による臨死介助を——結論として限定的に——許容することを容認する[29]。これには，全面的に賛意を表することができる。連邦通常裁判所は，支配的見解の疑わしい観念の中に，今や，許されざる「トリック」があることを見破り，この再解釈が現実を無視する結果とならざるをえないことを認めている。

しかし，これにより，法状況は，いっそう困難になる。なぜなら，もはや，保証人的義務の不存在を通じて不可罰になることはないからである。それゆえ，連邦通常裁判所は，治療中止という規範的・評価的な上位概念の下に統合される事例群を形成するのである。治療中止が不可罰となるのは，①患者の意思に基づき，ある措置が終結され，ないし制限され[30]，かつ，②臨死介助行為が医療行為に関連する[31] 場合で，かつ，③致命的な疾患の場合である。④医師またはその補助者は，行為を行うことが許される。

---

28)　SSW-StGB/*Kudlich*, § 13 Rn. 7; Sch/Sch/*Stree*/*Bosch*, Strafgesetzbuch, 28. Aufl. 2010,Vor §§ 13 ff. Rn. 159.
29)　BGHSt 55, 191, 202. すでに *Gropp* GS Schlüchter, S. 173, 188 は，このような要求をしていた。
30)　BGHSt 55, 191, 203.
31)　BGHSt 55, 191, 204.

d) 治療中止の不可罰根拠

　臨死介助には，不可罰根拠が内在していない。連邦通常裁判所は，患者の自律（*Autonomie*）を論拠として議論を展開する。連邦通常裁判所は，適切にも，臨死介助の裏面，すなわち，意思に反して治療が継続される場合，構成要件上傷害罪が存在する，という点に言及している。治療の開始・継続に関する患者の包括的な自己決定権（Selbstbestimmungsrecht）は，一方で，可罰的な傷害の存否を決定づける。治療に対する承諾がなければ，可罰的な傷害罪が存在する。他方で，どのような場合に臨死介助の要件が存在するかについても，この種の自己決定権により決定される。

　しかし，連邦通常裁判所が患者の承諾に着目することにより，新たな問題が生じる。臨死介助は──十分正確に概観してきたように──積極的作為の場合にも問題になるので，刑法第216条の承諾制限に違反せざるをえない[32]。同条によれば，殺人は，明示的な承諾のある場合でさえ，嘱託に基づくとしても，可罰的である。

　連邦通常裁判所は，民法第1901a条以下の新規定を援用することにより，窮地を脱しようとする。第1に，連邦通常裁判所は，民法典に表れた立法者の決断を，消極的臨死介助の刑法的評価に及ぼす。そもそも刑法は最終手段（ultima ratio）としてのみ用いることが許されるのであるから，これは決して変えようのないことである。これは，法秩序の統一性（Einheit der Rechtsordnung）の要請である[33]。ある作為が民法上許容されるならば，それを刑法上処罰することは決してできないのである。

　したがって，可罰的な嘱託殺人と不可罰的な自殺幇助の境界線は，変化した[34]。すなわち，「（世話法における）新規定は，刑法にも影響を及ぼす。」。だが，そのあとには，次のように書かれている。すなわち，「もっとも，刑法第212条，第216条の規定は，世話法の諸規定により変更されないままである……[35]。」

---

32) Sch/Sch/*Eser*, Vor §§ 211 ff., Rn. 21; *Ingelfinger*, Grundlagen und Grenzbereiche des Tötungsverbots, Köln 2004, S. 218; LK-*Hirsch*, 11. Aufl. 2003, Vor § 32 Rn. 115.
33) BGHSt 11, 241, 244; HK-GS-*Duttge*, Baden-Baden 2008, Vor §§ 32 Rn. 4. BTDrs. 16/8442, 8 参照。
34) BGHSt 55, 191, 199.
35) BGHSt 55, 191, 199. BGHSt 55, 191, 205 をも参照。

と。これは説得的でない。許容されない治療中止はすべて、すでに刑法第212条、第216条に基づき可罰的なのである。以前とは異なりプッツが現在もはや処罰されえないことからして、世話法の助けを借りた臨死介助の新構想が、必然的に、刑法第212条、第216条の適用をも変化させるものであることが、直ちに理解できるのである。

　治療中止の不可罰性の根拠は、承諾ではない。支持しうるのは、連邦通常裁判所の第3刑事部が間接的臨死介助の問題について展開してきた次のような考えである。すなわち、「表明されたか、または患者の推定的意思に基づいて、尊厳をもった安楽な死を可能にすること……は、きわめて苛酷な、とりわけ激烈な苦痛のもとで、さらに短い期間生きながらえなければならないという見込みよりも、高次の法益である[36]。」

　ここでは2つの害——大雑把にいえば、苦痛回避と延命——が衡量されなければならないという考えが、すでに解釈論的に適切な方策を呈示している。この方策は、2つの害が衡量され、より小さな害が選択されているかが問題となる刑法第34条の緊急避難規定を志向するものである。

　この解決に対する異議は、退けることができるものである。第1に、刑法第34条は二者間の法益衝突を念頭に置くものである、といわれる[37]。しかし、臨死介助は、同一患者の問題であり、したがって、利益保持者は1人しか登場しない。1人の法益保持者の相対立する内部的利益を衡量する場合には、特別事例として、承諾という構成を援用することができよう。しかし、この構成は、まさに刑法第216条と矛盾する。われわれは、堂々巡りをすることになる。

　しかし、ここで、勿論解釈（Erst Recht-Schluss）が容易に思いつく。すなわち、刑法第34条の規定に基づき、他人の利益を優先して、生命侵害を行うことができるなら、それは、自己の利益を優先する場合にはなおさら適切であるに違

---

36)　BGHSt 42, 301, 305.
37)　HK-GS/*Duttge*, § 34 Rn. 9; *Kindhäuser*, StGB, 4. Aufl. 2009, § 34 Rn. 39; *Engländer*, Die Anwendbarkeit von § 34 StGB auf intrapersonale Interessenskonflikte, GA 2010, 15; *Jakobs*, Strafrecht AT 1991, 13/34; その他の見解として、*Kühl*, Strafrecht AT 6. Aufl. München 2008, § 8 Rn. 34.

いない[38]。規定の文言も，その体系的地位も，同一法益保持者の価値衝突の場合における適用可能性と矛盾しない。

第2に，保全法益が侵害法益に著しく優越していなければならないという刑法第34条の要件には，疑問が生じる。憲法の最高価値としての「生命」という法益は，刑法第34条の衡量を受け付けないのではないか。これは，関連する真の法益を誤解するものである。なぜなら，身体の不可侵性（körperliche Unversehrtheit）および自己決定権と生命法益とは，対立しているわけではないからである[39]。その代わりに，衡量では，尊厳ある死，それゆえ，ドイツ基本法第1条第1項で保護されている人間の尊厳（Menschenwürde）が問題とされているのである。そして，人間の尊厳は，憲法体系上——生命を前にしても——最高価値の称号をそれ自体で要求しうるものなのである[40]。

しかしながら，刑法第216条の承諾制限にもかかわらず，この衡量過程において，表明された，または患者の推定的意思を考慮することは，適切である。法益衡量において自己決定に基づく尊厳死を優越させる際，承諾は重要な要素である[41]。それゆえ，臨死介助を正当化するためには，正当化する緊急避難の規範構成のほかに——その限りで私は連邦通常裁判所に従う——承諾ないし推定的承諾も援用されなければならない。

3 自殺幇助の新たな動向

2005年以降，ドイツでも，臨死介助組織が設立されてきた。それらは，しばしばディグニタス（DIGNITAS）やイグジット（EXIT）のようなスイスの施設の支部として，設立されてきた。政治は，懸念を抱き，こうした行為の処罰を要求することにより，この動向に対応した。

現在，刑法草案の新たな第217条，すなわち，営業的な自殺促進（gewerbsmäßige

---

38) SSW-*Rosenau*, § 34 Rn. 15; LK-*Rönnau*, 12. Aufl. 2006, § 34 Rn. 59, 61; *Fischer*, § 34 Rn. 7.
39) BGHSt 55, 191, 197 f.
40) SSW-*Rosenau*, § 34 Rn. 21; Hufen in: Albers（Hrsg.）, Patientenverfügungen, Baden-Baden 2008, S. 91.
41) *Roxin,* in: Roxin/Schroth（Hrsg.）, Handbuch des Medizinstrafrechts, 4. Aufl. Stuttgart 2010, S. 75, 88 参照。

Förderung der Selbsttötung) の構成要件を創設するための 2012 年 10 月 22 日の連邦政府草案 42) が議論されている。同草案には，以下の文言が含まれる。

「(1) 意図的に，営業として他人に自殺の機会を付与し，調達し，又は斡旋した者は，3 年以下の自由刑又は罰金に処する。
(2) 営業として行為しなかった関与者は，第 1 項に掲げる他人が自己の近親者又はその他の自己と親密な者であるときは，罰しない。」

キリスト教民主同盟／キリスト教社会同盟（CDU/CSU）内部の保守勢力が，これに飽き足りず，あらゆる組織的臨死介助の禁止を要求しているため，同草案は，さしあたり暗礁に乗り上げている 43)。同草案は，幸運にも，暗礁に乗り上げている。なぜなら，同草案は，①歴史を無視しており，②解釈論的に無理があり，③憲法違反であり，④医療倫理的・法政策的に誤りであるからである 44)。

a) 歴史を無視しているという異議

すでに古代に，自殺は，概して犯罪行為とは考えられていなかった。それどころか，自殺は，自由な万人の自然権としての地位を享受していた。キリスト教神学の普及以降，教会法においてはじめて自殺は不法と評価されたが，それには，ゆるしの秘跡（Kirchenbußen）のみが課された 45)。法的には，自殺は，ドイツではすでに数世紀にわたり容認されてきた。すでに 1532 年のカール 5 世の刑事裁判令（Peinliche Gerichtsordnung Karls V.）（カロリナ）は，自殺を犯罪行為として扱っていない 46)。それでも，自殺は，啓蒙時代以降も，一部では，処罰されないが違法なものと考えられていた 47)。刑法典もまた，自殺ないし自殺未遂の

---

42) BT-Drs. 17/11126.
43) DÄ 2013, 110（4），A 112; http://www.rp-online.de/politik/deutschland/union-will-gesetz-zur-sterbehilfe-verschaerfen-1.3113671（最終閲覧：2013 年 5 月 26 日）をも参照。
44) これらについて個別的には，Rosenau/Sorge NK（Neue Kriminalpolitik），2013, 108 ff.
45) Dreier JZ 2007, 317 f. における歴史の回顧参照。
46) Jakobs, Tötung auf Verlangen, Euthanasie und Strafrechtssystem, 1998, S. 5.
47) Jakobs, Tötung auf Verlangen, Euthanasie und Strafrechtssystem, 1998, S. 5 ff.

不可罰性を認めている。処罰規定案が成立すれば，そのとき，ドイツではじめて自殺の領域に処罰規定が創設されることになるであろう。

b) 体系違反であり，解釈論的に無理があるという異議

総則刑法解釈論に従うなら，つねに故意により行われる違法な正犯行為を前提とする共犯の従属性のゆえに (刑法第 26 条，第 27 条参照)，自殺幇助の処罰は，正犯行為が欠ける以上，すでに解釈論的理由から，問題外である[48]。かくして，幇助の処罰は，原則的に体系違反であり，それゆえ否定されなければならない[49]。シュトゥットガルトにおける 2006 年ドイツ法曹大会 (Deutscher Juristentag) でもまた，圧倒的多数がそのように考え，私の提言に基づき，「自殺関与の処罰は──一般的な刑法解釈論の原則に従って──否定されるべきである」として，当該諸提案にはっきりと反対を表明した[50]。

c) 憲法違反であるという異議

自殺の不可罰性の規範的根拠は，憲法にある。自殺の不可罰性は，憲法上保障される個人の自律の表出である。時代遅れの反対説[51] は，生きる義務を基礎づけることになろうが，そうした義務は存在しないのである[52]。それは，ドイツ基本法の自由の保障を強化するものではなく，むしろ制限するものとなろう[53]。それゆえ，自殺および自殺未遂の可罰性の排除が，むしろ憲法上要請されるのである。

---

48) 正当にも，*Bringewat* ZStW 87 (1975), 623, 649 の反対説に従う論者は，依然として存在しない。
49) *Bottke* R & P 1993, 174, 181；その他の見解として，*Dölling* FS Maiwald, S. 119, 129 f.
50) この決議は，51 対 34 対 24 の得票率で可決された。Ständige Deputation des Deutschen Juristentages, Verhandlungen des Sechsundsechzigsten Deutschen Juristentages, Band II/2, 2006, N 204 および N 207. もっとも，その直前に，この部門は，利欲心に起因する，または強制状況を利用した自殺促進を処罰することにも賛成を表明した (a.a.O.)。両決議は，啞然とするほどに相対立していると認められるが，これは，ドイツ法曹大会の見識の特徴を明らかにするものでもある。
51) 同旨，BGHSt (GrS) 6, 141, 153；何びとも自己の生命を自分勝手に処分してはならない。*Lüttig* ZRP 2008, 57, 58 は，これを修復している。
52) *Bottke* Suizid und Strafrecht, 1982, S. 49 f.；*Dreier* JZ 2007, 317, 319 およびそこに挙げられたその他の文献。
53) *Hillgruber,* Der Schutz des Menschen vor sich selbst, 1992, S. 82.

争いがあるのは，憲法から自殺権までもが導かれるか否か，である。自殺権は，明示的には保障されていない。連邦憲法裁判所は，この点について立場決定をしたことがない。しかし，自己決定権は，近年，とりわけ2010年のプッツ事件判決[54]と2009年の患者の事前指示法[55]において，相当に格上げされてきたので，この問いには肯定的に回答することができる。治療中止の場合に当てはまることは，真摯で，熟慮のうえでの自由答責的な自殺意思に，そのまま当てはまらなければならない。

ところで，自殺幇助を自殺それ自体とは別異に解する者もいるかもしれない。しかし，幇助を禁止する場合，自殺の基本権が，その本質的内容において影響を受ける。自殺者が他者の幇助を必要としている事例では，特にそうである。

とりわけ，この提案は，正統な刑法の限界を無視するものである。合憲的な処罰規定の要件は，当該規定が他者または公共の保護に資することである。この場合にのみ，処罰規定は，比例性原則（Verhältnismäßigkeitsgrundsatz）に合致し，基本法第2条第2項第2文の人身の自由への侵害であるところの，差し迫った自由剥奪を正当化しうるのである[56]。すでに刑法草案第217条の保護法益について，疑問がある。なぜなら，自己の自殺権を実現する者は，その際，介助を受けることができなければならないからである。自由答責的に行為する自殺者の個人法益としての生命は，決して保護法益たりえない[57]。比例性の吟味に関わりうる，保護すべき法益は，まったく存在しない。

営業的な行為は，この点を何ら変更するものではない。そもそも，営業性のような純粋に刑罰加重的な要素によって可罰性を創出することは，体系的に誤りであるように思われる[58]。医師もまた営業的に行為し，それゆえ処罰規定の対象となることを排除しえないという理由からしても，営業性の概念にはきわめて問題がある。反復的な行為遂行により，ある程度の期間・範囲における

---

[54] BGHSt 55, 191 ff.
[55] PatVG vom 29.07.2009, BGBl. I, 2286 f.: §§ 1901a ff. BGB.
[56] BVerfGE 120, 224, 239.
[57] 死の看取り法代案（AE-StB）の起草者もまた，これを承認しているが，それにもかかわらず，利欲心に起因する自殺幇助を処罰しようとする。Schöch/Verrel u.a. GA 2005, 553, 582参照。
[58] Feldmann GA 2012, 498, 507; Fischer § 217-E, Rn. 4.

継続的な収入源を獲得しようとする者は,営業的に行為するものである 59)。なるほど,関連する料金規定は,自殺の看取りを独立の業務として決算することを予定していない。しかし,自殺の看取りは,医師の日常において,終末期の意思決定に関連する通常の業務や助言から完全に切り離しうるものではないので,すでに医師の通常の報酬を通じて,同じくその報酬と結び付いた自殺幇助という営業的行為が行われることになるのである 60)。

そこで,立法者は,潜在的な自殺者の生命に対する抽象的危険を論拠として議論を展開する。潜在的自殺者は,自殺の決意を決して固めてはいないが,性急な意思決定により,またはプレッシャーを感じて,つい自殺してしまうのである 61)。もっとも,この判断は,現実的基盤を欠いており,漫然と行われている。それゆえ,この判断が,単に外国の臨死介助数との大雑把な比較や漠然とした懸念に基づくにすぎないのであれば,憲法上不十分である。まったく逆に,実際の数を見ると,臨死介助組織と自殺の増加の結び付きは否定されるのである。

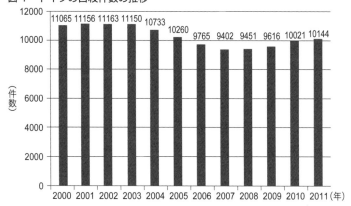

図1　ドイツの自殺件数の推移

---

59) BT-Drs. 17/11126, 9; 一般的定義については,Matt/Renzikowski/*Saliger*, Strafgesetzbuch, 2013, § 263 Rn. 316 およびそこに挙げられたその他の文献参照。
60) *Schreiber* NStZ 2006, 473, 478 も,可罰性のリスクを認めている。
61) 例えば,BT-Drs. 17/11126, 9, 6 f.

ドイツの自殺数は,年間1万件前後である[62](図1)。

しかし,2007年から2010年までは,少しずつ増え続けていたが,同一の期間において,「ディグニタス」による自殺の看取り(Suizidbegleitung)の利用数は,減少し続けていた。確かに,2011年までの絶対数は,「ディグニタス」でも増加に転じた(図2)。

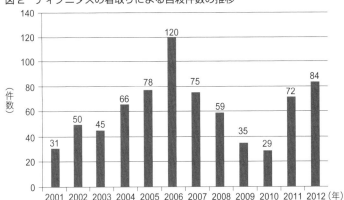

図2 ディグニタスの看取りによる自殺件数の推移

しかしながら,〔自殺の〕方法に目を向け,首吊り(Erhängen),自絞死(Strangulieren)および窒息(Ersticken)による自殺の件数[63]を,臨死介助組織の通常の方法である薬剤の服用と対比すると,同一の期間におけるこの数は,全体として,わずかに減少していた。臨死介助組織の影響は,ごくわずかである。自殺全体に占めるその割合が1%未満であるということだけでも,その十分な理由となる。したがって,根拠のある抽象的危険が存在しないなら,法律の正統な目的が欠けることになるのである。これは,比例性に反する。

処罰の間隙はほとんど生じない。生きることに疲れた者に自由答責性が欠

---

62) Statistisches Bundesamt, Zahlen unter http://de.statista.com/statistik/daten/studie/75844/umfrage/selbstmorde-in-deutschland-seit-2000/(最終閲覧:2013年3月12日)。

63) ICD-10, Diagnoseschlüssel X70 unter http://www.gbe-bund.de/oowa921-install/servlet/oowa/aw92/dboowasys921.xwdevkit/xwd_init?gbe.isgbetol/xs_start_neu/&p_aid=i&p_aid=3446431&nummer=670&p_sprache=D&p_indsp=-55024&p_aid=80148366(最終閲覧:2013年3月12日)。

ける場合，刑法第222条の過失致死罪で処罰されるし，故意があれば，それどころか，刑法第212条，第25条第1項後段の故殺罪の間接正犯で処罰されるからである。実のところ，先の政府草案は，社会的に表明された憤慨に反応し，単なる道徳観を刑法の規範にまで高めるだけのものである [64]。これは，刑法における「最終手段」原理に違反するものである。この原理は，近時，連邦憲法裁判所が，近親相姦決定（Inzest-Entscheidung）で，再び，立法者をして，刑法の限界として，留意させたものである [65]。

d）　医療倫理上の異議

　政府草案は，法政策的に誤りである。なぜなら，臨死介助組織の犯罪化は，自殺意思を有する者を悲惨な自殺に追いやるものだからである。同草案からは，ドイツでは誰でも自殺することが許されるが，そのためには，橋から飛び降りるか，列車の前に飛び込むか，または，首を吊るかしなければならない，という破滅的なシグナルが発せられている。この無理強い的な結果がいたるところで秘匿され，または黙秘されていることは，不可解である。この結果には，医療倫理的にきわめて疑問がある。なぜなら，まさしく，生きることに疲れた者は，妨害ではなく，支援を必要としているからである。ドイツの医師までもが処罰を要求し，彼らの新たな規約——ドイツ医師模範職業規則（MBO-Ä）第16条——において，医師は自殺幇助を行ってはならない，と定めている [66] ことは，それだけいっそう奇妙なことである。まさに医師こそは，必要な共感能力を備え，たいてい患者との個人的な絆を育んでおり，尊厳ある自殺に必要な確固たる医学的知識 [67] を有するのである [68]。

---

64)　*Saliger* ZRP 2008, 199 も同旨である。
65)　BVerfGE 120, 224, 239 f.
66)　DÄ 2011, 108 (38), A 1980, A 1984. これについては，*Wenker* Ethik Med (2013) 25: 73 ff.; 批判的なものとして，*Wiesing* Ethik Med (2013) 25: 67 ff. がある。もっとも，この方向づけ規定（Orientierungsvorschrift）は，17の州医師会のうち9の州医師会においてしか改定されておらず，3つの州医師会はいまだ決定を下しておらず，そのほかの3つの医師会は，別のよりリベラルな規制を行った。
67)　*Lorenz* MedR 2010, 823, 827.
68)　*Hillenkamp* in: Anderheiden/Eckart, Handbuch Sterben und Menschenwürde, 2012, Bd. 2, 1033, 1052; *Schreiber* FS Jakobs, S. 615, 622; *ders*., in: ders., Schriften zur Rechtsphilosophie, zum Strafrecht und zum Medizin- und Biorecht, 2013, S. 489, 493 参照。

かくして，臨死介助組織の活動は，継続される。臨死介助組織は，完全に幸福をもたらしうる。最終的に，臨死介助組織による看取りは，自殺意思を有する者が自己の自殺願望を放棄するか，または，ホスピスに移り，そこで死を迎える気になるか，という結果につながりうるのである[69]。

III. 結　語

　以上，ドイツにおける2つのまったく相反する展開を見てきた。プッツ事件判決は，臨死介助をまったく新たな地平へと導き，個人の自律という意味で臨死介助を拡大するものである。

　これに対し，ドイツの政治は，過剰な自律にあらがっている。このことは，自殺幇助組織を犯罪化しようとすることにより，自殺幇助が，歴史を無視し，解釈論的に無理を冒して，さらに，――私が説いているように――反倫理的にも，抑圧される点に示されている。ここでも自由思想が普及することが，依然として期待されなければならない。

---

69) オレゴン州の相当する経験については，*Kreß* Patientenverfügungen, assistierter Suizid und Präimplantationsdiagnostik 2011, S. 39.

フランスの状況

フランス法における安楽死

クリスティアン・ビック
柿本佳美（訳）・甲斐克則（補正）

　人間の生命と尊厳は，社会秩序の基本となる価値を構成する。刑法が主要な禁止処分のリストを樹立し，リストへの違反を抑制する場合において刑法が関わるのは，社会秩序の保護とその向上についてである[1]。

　良い死,穏やかな死を迎えるために生に終止符を打つということは,法に適っていることと禁止されていることとの限界を定義するという，刑法に託された使命のうちに完全に含まれている。こうした行為は，生と尊厳を有する人間にとって本質的な価値の侵害であろうか。それとも逆に，尊厳の中に存する生命の尊重のしるしとして解釈されうるであろうか。

　こうした観点からすれば，この議論は新しいものではないけれども，法との関わりからすると，歴史的な段階から生じてきたように見える。

　啓蒙哲学が宗教の支配から個人と国家を解放することで，刑法では自殺が抑制されないようになり，自殺が自由な行為として明確化された。1791年以降のフランス法がそうである[2]。

　家族が引き受けていた役割を徐々に失わせた死の医療化は，個人にとっては最期の時の剥奪として存続した。

---

1) Christian Byk, *Le droit pénal des sciences de la vie*, Revue pénitentiaire et de droit pénal, 1996, n°1, p.23.
2) Georges Minois, *Histoire du suicide. La société occidentale face à la mort volontaire*, Paris, 1995.

人生を終える時と方法を選ぶ権利の要求（revendication）は，苦しみながら回復の見込みのない人々の生命を維持する医療技術が進歩した20世紀の終わりに生まれた，強い所有権返還要求である[3]。この要求は，良き死への権利の認知につながるのだろうか。この権利の要求には，その恩恵を望むことになるであろう人々が医療による補助を得られることが含まれており，人々をつなぐ関係を，そして医療技術によって近づく死を，そうした人々の利益のために，覆すことになるのだが。

　フランス法は，(I)個人に自分の人生の最期の時のコントロールを引き渡す正統性を十分に認識はしているものの，(II)メディアによる1970年代以降の強く執拗な圧力にもかかわらず，安楽死にあてはめられる「汝殺すことなかれ」という命令に反する，あらゆる「合法的」違反の禁止を維持している。

I．自らの死を再び自分のものとすることを人に許容すること

　医療の援助を得ようとする権利要求に見られる安楽死の権利を求めるパルティザンの忍耐強さをもってしても，死を「人間的なものとし」，人生最期の時に人に尊厳と自身のコントロールを復権する必要性を考慮するという，政治の決定者ならびに立法者によって1980年代以降に達成された道筋を隠すことはできないであろう。この揺るぎのない歩みは，本質的に，(1)苦痛を引き受けるポリティクス，および(2)執拗な治療への拒否の権利の認知によって達成された。

1　緩和ケアのポリティクス

　患者に対する医師の人道上の義務は，条文の法規範に合致した治療行為を尽くす義務にとどまらない。医師の義務については，医師の職業倫理規範（医師職業倫理法典）第38条が義務を定めているとともに，患者の最期の時まで患者に寄り添うことをも想定している。緩和ケアは，苦痛を軽減し，最大限可能なかぎり生きることを病者に可能にするものであるが，医師の役割の一貫性に適っている。フランスにおける緩和ケアの発展が1980年代に深刻な遅れをとっ

---

[3]　Jean-Louis Baudouin, Danielle Blondeau, *Ethique de la mort et droit à la mort*, PUF, 1993.

たということは正しいが，これは，介入的な医療の限界を認識するのが医師団にとって困難であったためだけでなく，とりわけ苦痛の軽減におけるモルヒネ使用に関する法的な障害のためでもあった[4]。

公衆衛生サービスの新しい使命である緩和ケアは，徐々に健康への権利に統合される部門となった。

a) 緩和ケアと公的サービス

緩和ケアユニット（Unité des soins palliatifs, USP）の創設に関するフランスの保健衛生システムの組織において緩和ケアに最初の第一歩を踏み出させることになったのは，1986 年 8 月 26 日の通達であった[5][6]。

しかし，このシステムは，公的サービスの役割として緩和ケアを組み入れた1991 年 7 月 31 日付病院法となり，これ以降，病院施設は，「患者に対し，患者の状態からして必要とされる予防，治療もしくは緩和ケアを提供」しなければならなかった[7]。これらの法条文の適用は，その内容に見合ったものではないし[8]，世論は新たに起こる安楽死事件[9]に影響されたが，国会は，緩和ケアへのアクセスの権利を定立することにより，同法を補足する第一歩を踏み出した。

b) 緩和ケアへのアクセスの権利

全会一致で採択された 1999 年 6 月 9 日法[10]は，緩和ケアへのアクセスを，「病

---

4) Chantal Couvreur, *Nouveaux défis des soins palliatifs*, De Boeck Université, 1995.
5) 「ケア組織および終末期にある病者の付添いに関する 1986 年 8 月 26 日付 DGS/3D 通達」公報，連帯・健康・社会保護省，N°86/32 bis, 1986。
6) Maurice Abiven, *Pour une mort plus humaine, expérience d'une unité hospitalière de soins palliatifs*, Masson, 1997.
7) 公衆衛生法典 L 第 6112 - 2 条。
8) 1998 年に行われた調査によって，フランスの 41 の県ではいかなる緩和ケアサービスも受けられないことが明らかになった。ルシアン・ヌヴィルス（Lucian Neuwirth）報告，元老院（上院），1998 - 1999 年会期文書，N° 223。
9) マレヴル（Malèvre）事件およびデュフォ（Duffau）事件。前者は，1998 年，何を考えているのかわからない性格の看護師が多数の高齢患者を「安楽死させ」，後者は，老人医療サービス施設の長が半身不随で壊疽に罹っていた 92 歳の患者に塩化カリウムを注射したものである。
10) 緩和ケアへのアクセスの権利を保障することを目的とした 1999 年 6 月 9 日付法第 99-477 号（1999 年 6 月 10 日付官報）。

状により緩和ケアが必要であるような疾病を持つすべての人[11]」に開かれた権利，したがって終末期にある人だけのケアに限定されないもの，とする。同法の条文は，直系尊属，直系卑属，住居を共にする人が終末期にある場合の賃金労働者すべてを対象とした介護休暇[12]もまた創設しており，終末期にある病者に付き添うボランティアについて規定したものである。

確かに，この法の目的は，緩和ケアの実践を独占しようとする医師団の抵抗を「覆す」推進力を作り出すことにあり，特殊なサービス以外でのケアの提供の発展を容易にした[13]。補助的な段階である，患者の権利に関する 2002 年 5 月 4 日法[14]は，病院施設と同じく，市中で従事している医師についても，手段に関してこの義務を負う者とすることにより，「苦痛の軽減を目的としたケアを受ける」すべての人にとっての権利を予定した措置を公衆衛生法典の中に組み入れた[15] [16] [16-1]。

確実な有効性を緩和ケアに保障するための長く困難な道のりは，患者の権利のバランスの回復という別の視点への影響なくしては，存在しえなかった。すなわち，執拗な治療を終わらせる可能性である。

2　執拗な治療の拒否

まず，執拗な治療の拒否の問題は，法的に誤った問いである。実際，医師 – 患者関係に関する古典的な概念は，提供されるケアに対して患者が最初に与え

---

11)　公衆衛生法典 L 第 1110-9 条。
12)　労働法典 L 第 225-15 条。
13)　緩和ケアへのアクセスの権利を保障することを目的とした 2002 年 2 月 19 日付通達 DHOS/02/DGS/SG 第 5D2002-98 号，および在宅緩和ケアに関する 2002 年 5 月 3 日付デクレ第 2002-793 号。
14)　病者の権利および医療システムの質に関する 2002 年 3 月 4 日付法第 2002-303 号（2002 年 5 月 5 日付官報）。
15)　公衆衛生法典 L 第 1110-5 条第 3 項。
16)　医師については，これだけが 1995 年 9 月 6 日付デクレ第 95-1000 号に由来する医師の職業倫理規範（医師職業倫理法典）第 38 条によって発生した職業義務の成立まで適用された。
16-1)　2006 年 2 月 6 日付デクレ第 2006-122 号（2 月 7 日付官報）は，ケアの一般的な計画が施設あるいはサーヴィスの計画の適用に定められている場合，「受け入れている患者の状態が必要とする，特別な人員編成の計画を含む，緩和ケアを確保する準備のための適切な措置全体を定義する」ことを明らかにしている（公衆衛生法典 D 第 311-38 条第 1 項）。

た同意を維持している期間のみ，医師に「治療に関する特権」，すなわちフォートがない場合，患者の身体の統合性への侵害に対する刑法上のあらゆる責任を免じる特権を，医師に対し与えている。

　そうであるなら，ましてやあらゆる執拗な治療の拒絶を含む，ケアの継続への患者の拒否〔の保障〕は，言うまでもないであろう[17]。これは，医師に課せられているケアの既存の義務という名のもと，権利と医療の義務が患者を抑制するような「パターナリスティックな」関係に依拠するものではない。立法者は，医師－患者関係にもう1度バランスを取り戻して医師による引受け責任を明確にしようという意見に誘発され，治療拒否の自由が結果を問わず医師の責任より優位にあることを医師に保障するための特別な手続を準備することで，執拗な治療を拒否する患者の権利を強化した。

a)　患者と医師のパターナリスティックな影響力

　一方で，治療を尽くすのを医師が思いとどまることについては，1970年代以降，少なくとも，患者による拒否によって生じるであろうリスクを医師が患者に知らせたうえで，提示された代替治療が見せかけのものではないならば，刑法上の観点からは，もはや罰せられることも規律違反となることもなくなった[18][19]。しかし，他方で，患者の拒否を無視した医師の介入については，「生命に関わる予後がかかっており，緊急の事態において，治療の代替手段がない場合，医師は，患者の救命に不可欠であってその容態に見合った行為を実践するしかない[20]」以上，これを思いとどまることはなかった。

---

[17]　「病者の意思は，可能な限り，つねに尊重されるべきである」は，1979年の医師の職業倫理規範（医師職業倫理法典）第7条（1995年の医師の職業倫理規範（医師職業倫理法典）第36条となる）に記載されており，次のように書くことができた。すなわち，「この要求は明らかであり，判例のような法解釈では全会一致でこれを肯定している。2000年12月18日のヨーロッパ共同体基本権憲章では，『人としての一体性』（第3条第2項）と題された原則を繰り返している。私たちは，普遍的な規範について話すことができているのである。」。Gérard Mémeteau, *Cours de droit médical*, 2ème édition, Les Etudes Hospitalières, 2003, p.314.
[18]　破毀院刑事部1973年1月3日，Dalloz 1974, p.591，ルヴァスール（Levasseur）による評釈。
[19]　コンセイユ・デタ，1994年7月29日，*Revue de Droit Sanitaire et Social*, 1995, 57，デュブイ（Dubouis）による注釈。
[20]　コンセイユ・デタ，1982年1月27日，D1982.IR.275, J. ペノー（J.Penneau）による意見。

破毀院は，民法典第16-3条に付託し[21]，「何びとも，法が予見したケース以外に侵襲的介入を受けることを強制されない[22]」ことを，ケアの拒否への実際上の権利の定立により[23]認めた。しかしながら，判例は，複雑さとニュアンスをにじませつつ，人体の不可侵性の原則が命じるところから，とりわけインフォームド・コンセントの要求と，患者の健康と生命を保護するために医師に課せられた義務との間に平衡点を見いだすことを望んだ。

立法者の介入に対して直接的に先立つ積極的な権利の状態については，次のような指摘によってまとめることができよう。この権利は，「民法，刑法，行政法に関わる判例を発展させたものである。すなわち，病者の意思が明らかにその生命に関わる利益に反しており，かつ適切な治療ないしケアが存在している場合，医師は簡単に記録を残しておくに越したことはないということである。この見解を進化させて，他の意見を受け入れるように勧めることができる関係を維持しなければならない。最終的に病者の意思が動かしがたい場合には，どのようなケースであっても，患者に治療を隠すようにすべきである[24]」。私たちは，立法者だけがなしえてきた歩み，そして，執拗な治療を拒否する権利およびそれ以上の権利については法によって認められていると今後は結論づけるに至るような，より一層確実な歩みだけを基準とするのである。

b) 執拗な治療を拒否する権利の是認

1995年の新しいヴァージョンの医療義務法典[25]に控えめに言及されている，「常軌を逸した執拗〔な治療〕」の拒否は，実際上，2002年5月4日法と2005年4月22日法によってはじめて，権利と認められた[26]。

---

21) 法典は，人体の不可侵性の原則とそのコロラリー，医療問題に関しては当事者の自由かつ明確な事前の同意の存在を喚起している。
22) 破毀院第2民事部，1997年3月19日，破毀院民事部判決報告書第86号；JCP1997. IV.1006。
23) P. サルゴ（P. Sargos）による報告，破毀院第1民事部，1997年10月14日，JSP1997. II.22942。
24) 政府委員ドゥ・エア（de Heers）による結論，パリ行政控訴院，95-PA03653号；S委員その他，1998年6月9日，D1999, 27, G. ペリシエ（G. Pélissier）の注釈。
25) 第37条「医師は，あらゆる状況において，病者の苦痛を軽減し，精神的に支え，診断もしくは治療における理由のない固執を避けるよう努めなければならない。」
26) 2005年4月22日法第2005-370号，4月23日付官報。

前者の法は，その選択が生命を危険にさらすことになった場合であっても治療を拒否するすべての人の権利の原則を提示する。すなわち，「医師は，その人が選択した結果を当人に告知したのち，当人の意思を尊重すべきである[27]。」と。しかし，このように明示されたにもかかわらず，この原則により〔治療を〕中止することは医師にとって難しいに違いないから，法は，「医師は必要不可欠なケアを受けることを（人に）認めさせるよう尽くすべきである。」と付け加えており，判例は，以前の立場，すなわち，予後が危険な状態にあるような極端な状況であると病者が思っている場合，病者の意思に逆らってケアを行うというようなことを自制するよう医師に法廷命令（injonciton）を出すことはできない，という立場を維持することになるであろう[28]。

　2005年4月22日法は，医療の実践を念頭に置くよう配慮しつつ非常に広範にまとめられているが，原則の射程を明確にし，そして，自分たちの責任が法廷に持ち込まれるのを目の当たりにするという医師のリスクが増大しないように保証するための特別な手続を定義しているのである。

　このように，治療の拒否ないし中止が「あらゆる治療」，すなわち人工呼吸器の装着ひいては栄養補給を含む治療に拡張される[29]だけでなく，さらに，医療専門家が「死の時点まで尊厳ある生を各人に保障するために」使用する方法に関して，同法L第1110-5条に詳細な項が付け加えられた。すなわち，「これらの行為は，不合理な執拗さをもってして継続されるべきではない。これらの行為が不要であり，バランスが取れない，もしくは生命の人工的な維持しかもたらさない場合，治療は中止されうるか，もしくは差し控えられうる」。ケアの義務は退けられず，緩和ケアの実践へと移される。「このような場合，医師は，公衆衛生法典L第1110-10条に適用されるケアを提供することによって，死にゆく人の尊厳を保護し，生活の質を確保する」[30]。

　これらの権利の利用を確保する手続に関しては，以下の保障がある。すなわ

---

[27] 公衆衛生法典L第1111-4条。
[28] コンセイユ・デタのフィユラテによるレフェレ2002年8月16日付第249552号，およびリール地方行政裁判所ギュイスランによる2002年8月25日付第02-3138号。
[29] 公衆衛生法典L第1111-4条。
[30] 公衆衛生法典末尾，L第1110-5条第2項。

ち,

・生命の危機にあるときの治療中止 31)。

自身の意思を提示することが可能な人に関しては，医師は医師団の他のメンバーの助力を求めることができ，どのような場合においても，病者は，妥当な猶予期間に自分の決定を繰り返し表明しなければならない。本人の決定は，医療記録に記載される。

当人が自らの意思を提示できる状態でない場合，決定は，合議による手続 31-1) の枠内でのみ下され，信頼関係にある人，家族，もしくは近親者との相談，万が一の場合は事前指示に従う 31-2)。

・生の終わりにおける治療の拒否と中止 32)。

意思を伝えることが可能な人の決定は，医療記録への記入の対象となる。医師は，当人に今後起こることを告知したあとでは，この選択を尊重しなければならない 33)。

自らの意思を提示できる状態にない人については，特別な手続がある。これは，生命が危機にある場合の治療中止の場合に定められた手続に類似する。

もちろん，2005 年 4 月 22 日法は，医師に関する政治的に正しい言葉にすれば「不合理な執拗さ」となる，治療の執拗さの拒否への一般的な原則の強化に関わる。しかしながら，本質的な変更は，自らの意思を提示できない人に関する準則の説明と，医師に最終的な決定をすべて任せることで，周囲の人々の意見，万が一の場合は事前指示を「考慮に入れる」特別手続の設置にある。

このように，同法は，安楽死への権利あるいは自殺幇助への権利からはほど遠い。

---

31) 公衆衛生法典 L 第 1111-4 条。
31-1) 2005 年 4 月 22 日法第 2005-370 号によって予見された，合議による手続に関する 2006 年 2 月 6 日付デクレ第 2006-119 号（2 月 7 日付官報）：公衆衛生法典新 R 第 4127-37 条。
31-2) 2005 年 4 月 22 日法第 2005-370 号によって予見された，事前指示に関する 2006 年 2 月 6 日付デクレ第 2006-119 号（2 月 7 日付官報）：公衆衛生法典 R 第 1111-11 条から R 第 1111-20 条，および第 1112-2 条。
32) 公衆衛生法典 L 第 1111-10 条から L 第 1111-13 条。
33) 公衆衛生法典 L 第 1111-10 条。

II. 否定された安楽死への権利

　世論は生の終わりに関する議論が緩和ケアと執拗な治療の問題に限定されるのを望まないものではあるが[34]，それにもかかわらず，刑法は，安楽死という言葉と状況そのものを認知しておらず，法による禁止にすらそむこうとする感情があることを断固として受け入れようとしないことは認めざるをえない。

　法によってなされた唯一の「譲歩」とは，例外的な安楽死を認める代わりに，与えられた治療には生命を短縮する副次的結果が伴うであろうと知りつつも病者の苦痛を軽減するためにそれを用いるという，医師に与えられた可能性である。

　それでは，ヨーロッパ人権裁判所の判例は，フランスの権利を進化させるべく，安楽死への権利を勝ち取ろうとしているパルティザンたちにとって救いとなるのだろうか。

1　安楽死は殺人の禁止の違反にとどまる

　ケアのアプローチと患者 – 医師間の関係のバランスを取り戻す方向へと完全に向かっているフランスの立法は，法による禁止をもはや問題にしていない。刑法は，安楽死そのものを認めていないが，法的な呼称が様々でありうるにせよ，すでに言い渡された刑も裏づけているように，抑制されたニュアンスを示しつつ，生命に危険をもたらす自発的な行為を安楽死と同一視している。

a)　法の禁止とその法の性質決定 (qualification juridique)

　安楽死は，「穏やかで苦痛のない良き」ものであるにせよ，死を他人にもたらす行為として理解されることにより，人間社会が創設した禁止の違反になる。よって，フランス法は，違反要件を備えた法においては被害者の同意にはまったく重要性を与えていないけれども，動機（苦痛を前にしての同情）については刑を確定するためにのみ，そして万が一有責性に関わる場合には行為者の意図を明らかにするためにのみ考慮することで，安楽死を告発する。

---

[34]　調査会社 IFOP による調査によれば，88％のフランス人が安楽死を望ましいものだと表明している（ジュルナル・ディマンシュ紙 2002 年 12 月）。

このような論理によれば，刑法典には，安楽死という特別な違反は存在しない。

法の性質決定が安楽死を殺人として告訴することを可能にすることで，服毒死か否か——危険な状態にある人の介助——が明らかにされるのは，行為者の意図ないし実行の仕方によってである。

(1) 殺人としての安楽死

状況を悪化させた場合もしくは予謀の場合，30年の懲役刑（réclusion criminelle）と終身刑（réclusion à la vie）というのが最も厳格な法の性質決定である[35][36][37]。この法の性質決定は，行われた行為の性質から結果として生じるであろう事柄が，意図的に他人に死をもたらす目的を持っていた[38]と想定するものである。立法者が2005年4月22日法によって介入したのは，患者の苦痛を減じるためにその生命を短縮する医師に関して，特に，往々にして状況が曖昧だからである。しかしながら，事実上の要件は，積極的な行為でなければならない。すなわち，不履行は，危険な状態にある人を助けないという枠組み内にとどまることになる。

(2) 毒殺としての安楽死

死をもたらしたと想定されうる物質の投与または使用により安楽死が行われた場合，30年の禁固刑が科される毒殺[39]（もしくは重大な状況の場合には終身刑）である。この法の性質決定は，安楽死を抑制するにあたりいくつかの「利点」を示している。つまり，この決定は，探求される結果が侵害である（被害者が生き延びた可能性がある）ことや，内容が実質的に死に至る（行為者がそのように考えただけで十分となる）ことを仮定していない。さらに，死をもたらす意図については，犯罪を特徴づけるのに必要であるとはいえ，往々にして，行為そのものからでなく，その行為が行われた状況（弱い立場にある人の食事に盛られた毒物）から，し

---

35) 刑法典第221-1条。
36) 刑法典第221-4条。
37) 刑法典第221-3条。
38) 破毀院刑事部，1991年1月8日，第90.80.075号，破毀院刑事部判決報告書第14号。
39) 刑法典第221-5条。

ばしば被害者の身近な人物によって行われるこの「ひそやかな」犯罪の油断ならない性質に注意を促すことにより，推論されることになるであろう[40]。

(3) 安楽死と危険な状態にある人を助けないこと

この法の性質決定は，他人もしくは第三者への危険がない状態で，危険な状態にある人を助けるのを止めた人の行為を，法によって5年の自由剥奪刑に処することにより，自発的拒否という行為を告発することを可能にする[41]。他者が受ける危害を認識していたことを含むこうした義務一般が医師の職業上の義務と接合するならば[42]，介入を前提とする，差し迫った危害という概念が生の終わりの状況と結び付く場合，この義務が疑問に付されることはほとんどない。言い換えると，助けるということは，絶望した状態にあると思った被害者のためになるものだろうか。こうした観点に立てば，判例は，たとえ有罪を言い渡されようと，被害者がそのまま生きているからには，違反という要件が救命の有効性よりも下位にあると認めることで一致している[43]。

今後は法によって明示されることになる，あらゆる治療を拒否する患者の権利は，医師による〔治療〕中止への真の違法性阻却事由を作り出す。2005年4月22日法は，不必要となるかバランスを欠くようになったケアを与えないのか，それとも与え続けるのかを医師が決定する場合に医師の立場をも強固なものにする。

b) 法実務のニュアンス

一般的なやり方では被害者の同意[44]も行為者の動機[45]も違反の特徴づけに関

---

[40] 「血液汚染事件」の際，判例は，行為者が死なせる意図を表明していた場合にのみ，意図について特徴を付与しないということを明らかにした（破毀院刑事部, 2003年6月18日，第02-85.199号，第3074F-P+F号，破毀院刑事部判決報告書第127号）。
[41] 刑法典第221-5条。
[42] 医療職業倫理法典第9条。
[43] 破毀院刑事部, 1953年3月23日，破毀院刑事部判決報告書第104号，およびナンシー控訴院, 1965年10月27日, D1966, p.30, ロレンツ (Lorentz) による注釈。
[44] 破毀院混合部, 1837年12月15日, S1838, ベランジェ (Béranger) による報告とデュパン (Duppin) による結論。
[45] 破毀院刑事部, 1932年8月20日, D1932 I.121。

わってこないとするならば，法実務は，追及の時期について判決を下すことが重要である場合，さらにはその行為と行為者の人格に適用される刑を定めることが重要である場合には，これらを考慮する。違反行為が，同情からではなく，〔医師に〕託されたと感じる使命感から突き動かされ，行為者が行った職業上の義務への真の背信となっている場合，刑は厳しいものになるであろう[46]。それ以外のケースについては，司法は，ためらいがより大きいことから責任追及しないと決定することで，刑に関して寛大であるように見えることを承知している[47]。

このように，安楽死は，同情による行為と見なすことができるが，この認識は，行為者を一般の刑法典に従わせる長い司法プロセスの結果でしかないのであって，刑が節度あるものにせよ，象徴的なものであるにせよ，刑を下すに至ることになるであろう。訴訟に起因するこうした不確実性により，司法手続は，わずかな事件に取り組み続けている。その代わり，自分の患者の苦しみを軽減する手段が結果的に患者の生命を短縮することにもなりうる場合，こうした不確実性によって緩和ケア医（médecin soucieux）がこのようなリスクを回避しようと不安に陥ることも理解されている。そうすると，ヨーロッパ人権裁判所が言いそうなことではあるのだが，苦痛と「生活の質（qualité de vie）」をこのように考えることは，安楽死の行為に等しい特定の行為に関して，言わばあまりにも抑圧的な現行法に限界を課する手段となるのだろうか。

2 「安楽死」とされる特定の行為を抑圧することへの限界としての苦痛の緩和か

フランス法は，個人の自由の表明としての安楽死と自殺幇助を却下しつつ，苦痛を緩和する特定の行為に対しては「小さな扉」を開いたように見える。この立場は，ヨーロッパ人権裁判所の判例を創出すべきであるという「積極的」な言渡しによって強化されうるかもしれない。

---

46) 看護師 C. マレヴル事件参照。C. マレヴルは，死ぬことを望むとまったく示していなかった患者多数に死をもたらし，2003 年に控訴院で 10 年から 12 年の懲役刑を言い渡された。
47) 同様に，アンベール（Humbert）事件では，2006 年のはじめに大審裁判所検事正（Procureur de la République）がこの患者の医師と母に対して免訴を請求し，サン・アスティエ（St Astier）事件では，医師は，末期にあった癌患者に対して致死量の〔薬物〕注射を命じたのだが，毒殺により重罪院に移送される前に放免された（2006 年 1 月 6 日付ルモンド紙）。

a) フランス法における安楽死の例外か
 (1) 「生命の終わり，生命の停止および安楽死」に関する国家倫理諮問委員会の意見書

　国家倫理諮問委員会は，2000 年 1 月 27 日付意見書[48]において，自殺幇助に関するいくつかの申請が「真摯で，ゆるぎなく，繰り返されており，幇助の要請を隠してはいない」ことを考慮し，「連帯の義務と安楽死という例外」という言葉を用いて安楽死の問題に取り組むことで，こうした要請に応えることを約束した。

　委員会にとっては，苦痛と苦悩の極限状況に関して，同意（consentement）という概念および同意する（consentir）という概念に立脚する以前の，「例外的な抜け道」が問題とされるべきである。「そうすると，原則の見取り図のうちに受け入れられえないことが，人間の連帯と同情を正当化しうる」。そして，もしこうした要求に直面することで行動が認可されることになるのであれば，こうした行動は，非人格的で無責任な決定ではない，慎重に考慮された決定でなければならない。それゆえ，国家倫理委員会は，安楽死を処罰対象外とすることを提言してはいないものの，法と人間的な現実の間のあまりにも大きなギャップを避けるために，そこに導きうるような例外的状況については，状況に応じた評価をするよう示唆しているのである。学際的な専門家から成る委員会は，予審手続の前または弁論の開始時に，善の評価——裁判所はその決定から自由でありつつ，（苦痛を短縮する，患者によって示された要求に応える，同情から行為するといった）援用される動機に関して議論と事実に根拠を与えている——を進めるであろう。この提案は，動機の評価に関して安楽死の状況に特有の刑事手続の規則を創設することを目的とするが，実行された行為の原因となる動機を裁判所が，すでに考慮しているのであるから，維持できなかった。代わりに，立法者は，医師を満足させるため，苦痛の軽減を目的とする特定の実践のために受けるリスクについて，あらゆる曖昧さを取り除くことを選んだ。

---

[48] 2000 年 1 月 27 日付意見書参照。

(2) ダブル・エフェクトとなる治療に関する 2005 年 4 月 22 日法の規定

緩和ケアが患者の権利となり，苦痛の軽減が医師の義務となっても，苦痛を軽減する目的がある薬品の服用処置ののちに患者が死亡した場合に刑法上の追及を受けることを持ち出し，医師がこの方向に行動するのをためらうのは，逆説的ではないだろうか。

2005 年 4 月 22 日法は，「重篤かつ治癒不可能な疾患が進行した，または末期の段階にある者の苦痛を軽減することができないことを証明する」医師に，「その病者に，生命を短縮する副作用を持ちうる治療を施す」ことを可能にすることによって，この困難を取り除いた[49]。こうして，法的な許可が創設されたが，これには限界がある。すなわち，法的な許可が，医師にのみ恩恵を与え，疾患が進行した，または末期の段階にある患者にのみ苦痛を軽減する他の手段が存在しないことを前提に適用される，ということである。しかしながら，死が責任追及を受けるような結果ではなく，その唯一の目的が苦痛の軽減にあるところの治療によって生じうる結果であるような，法が対象とする仮定と，死が熟慮のうえで早められるような，同情による安楽死の仮定という，この 2 つの仮定の違いは，しばしば現状を維持し，これに依存することになる (患者の情報に関する手続の尊重および記録への記載等)。それにもかかわらず，立法者と責任追及の責務を担う当局 (大審裁判所検事正) に向けたメッセージの意図は，こうした状況の中では，医師にとって望ましい先験的原理を創設するものになる。

フランス法の「慎重さ」は，特に隣国の法 (ベルギー，ルクセンブルク，オランダ，スイス[50]) と比較すると，ある程度，ヨーロッパ人権裁判所に関する判例によって「補正され」るのだろうか。

b) 特定の形態の安楽死の認識に対するヨーロッパ人権裁判所判例の寄与

プリティ (Pretty) 事件[51]において見解を明らかにする義務を負ったヨーロッパ人権裁判所は，生きる権利の保護が死ぬ権利の擁護を含むという考えを却下

---

49) 公衆衛生法典 L 第 1110-5 条最終項。
50) オランダの 2001 年 4 月 12 日法，ベルギーの 2002 年 5 月 28 日法，およびスイスの刑法典第 115 条。
51) ヨーロッパ人権裁判所，プリティ判決 (イギリス)，2002 年 4 月 29 日，訴訟第 2346/02 号。

したが，こうして特定の実践の承認に道を開くことで，安楽死の問題が個人の自律の実践に属することを認めた[52]。

(1) 自律の確立と生活の質への考慮

「(概念そのもののうちに権利を形成する代わりに) 個人の自律の概念は (私的生活および家族生活の保護に関する) 第8条の保障を解釈するうえでその基礎を成す重要な原則を反映する」ことをはじめて肯定することにより，「法廷は，各人が理解するとおりに自分自身の生を生きる能力が，その人にとって身体的または道徳的に損害ないし危険を与えうる性質を持ったものと認識される活動に専心する可能性をも含みうることに留意する」。そして付け加える。「問題となっている行為が健康への危険に相当する場合，もしくは死に至る可能性のある性質を呈していると理性的に考えうる場合でさえ，条約機関の判例は，第8条第1項が意味する私的生活への侵害として，拘束力のある，または刑法的な性質のある措置を国家によって課すことを考慮する」。生の終わりについてこの法的推論を適用する場合，従う事由が重要であるから，法廷は，以下のことを明確にしている。すなわち，「(申立人が) 自己の存在の最期の期間の過ごし方を選ぶことは，生きる行為を構成しており，これ (自殺幇助を指す！) は尊重されねばならないということを要求する権利である」。それゆえ，法廷は，次の法的推論を行う。「人間の尊厳と自由は，条約の本質そのものである。条約によって保護される生命の神聖さという原則をいかなる方法でも否定せず，法廷は，生活の質という概念が十全の意義を持つのは第8条に基づく，と考えている」。そして，結論である。「本件で申立人は，その人の目からすると屈辱的で耐え難い生の最期を避けようとする選択を実践することを，法によって妨げられている。法廷は，こうした事柄が当事者の私的生活の尊重に関する権利への侵害を示していることだけは否定できない」。法廷は，K.A. および K.D. 事件判決[53]におけるこうした法的推論を確認しつつ，「格別に深刻な理由のみ」が国家の

---

52) Christian Byk, *Le droit à la vie et l'euthanasie-le cas Pretty* in Conseil de l'Europe, *l'euthanasie*, tome 1, Editions du Conseil de l'Europe, 2004, p.115.
53) ヨーロッパ人権裁判所，K.A. ならびに K.D. 対ベルギー判決，2005年2月17日，判決第 42758/98 号。

干渉を正統化しうると明確にすることになるであろう。

(2) 国家の干渉 ―― 正統化されるべき介入

　ヨーロッパ人権裁判所の判例は，生の終わりの状況に関して，原則を覆した。ルールとなるのは個人の自律であり，刑法を通して，格別に重大な理由によってのみ正統化されうる介入となるのは，国家の介入である。このうえない解決のこの瞬間，生活の質は，人間の尊厳と自由の名における生の絶対的な尊重よりも優位に立ったのである。

　しかしながら，どのような条件においてこの法的推論が適用されうるのかを理解するためには，2つの留保がなされねばならない。

　一方では，本件がそうであったように，この推論は，自らの個人的な自律を享受している人のみに関わる。「夫の介助を得て人生に幕を下ろすという選択を下すことで（その人の）苦痛を緩和することを望む当事者」について，プリティ裁判での法廷は言及するのである。

　他方では，国家による介入は，可能であるけれども，民主主義社会においては，他者の健康，道徳，権利および自由の保護，もしくは刑法違反の確実な防止のために必要な直接的措置の形態をとる必要がある。この場合，正統化されうる介入を推定するため，法廷は，以下について指摘する。すなわち，「この場合に非難されている法的措置は，……弱く傷つきやすい人を守りながら生命を保護するために考えられた」のであって，「乱用の危険と，場合によっては，自殺幇助の法的禁止の柔軟化あるいは原則の例外の創設を含む，惹起される乱用によって起こりうる結果を評価するのは，国家の首長の責務である。」と。しかし，法廷が認識しているように，プリティ夫人は，弱者のカテゴリーには属していなかった。それゆえ，夫人の法的な自律は，安楽死を罰する刑法が無効化されることで生まれる「乱用による明らかな危険」を理由に，本法廷の判決が先例となることを避けるために「尊重されなかった」。

　法の適用の例外が要求される場合，プリティ判決を見ると，「それによって免除が要求される行為の重大さ」は，常に国家の介入を正統化しているように見える。法廷は，国家の介入の真の限界を識別するためには，おそらく，安楽

死と自殺幇助を認可しているいくつかの国の法的措置の，生きる権利に関する両立可能性について，見解を明らかにするべきであろう。

そうする以外に，フランス法は，ヨーロッパ人権法の中に，新しい立法修正を引き起こすのに十分な強い流れを見いだすことはできないであろう。むしろ，裁判の審理には至らない訴訟（関係者がほとんど一致）と，きわめて大きな偶然によって成功した訴訟（いくつかのケース）との間にある取扱いの過度の不均衡が強調されながらも，医師を巻き添えにした，個人の新しいドラマチックな訴訟を経ることでそうした修正を期待しなければならない。沈黙，さらには医療行為の認可，他方では重罪院を前にしての公的なスティグマの付与，などである。

はなはだしい不名誉に直面してのはなはだしい名誉，これがフランスにおける安楽死への特別な立法の準備の理由なのかもしれない54)。

---

54) シカール（Sicard）教授が委員長を務めるレポート（2012年12月18日付）は，フランソワ・オランド（François Hollande）大統領の求めに応じて作成され，国家倫理諮問委員会もまた，2013年7月2日付でこの問題に関する意見書を提出した。しかしながら，2つのレポートは，法の中に安楽死を導入することを拒み自殺幇助を推奨せず，しかし末期の鎮静に関する非常にデリケートな問いに関しては曖昧なままであった。これと並行して，現在，ヨーロッパ人権裁判所で審議中の昏睡状態にある病者〔訳者注：ヴァンサン・ランベール（Vincent Lambert）〕の現況は，最高行政裁判機関が示した生の最期に関する望ましい決定に根拠を与えた（2014年6月24日付コンセイユ・デタ）。そしてようやく，フランス共和国大統領に提出されたレポート（2014年12月12日付）に続き，2015年はじめに法案が上院に提出されたのである。この法案では，治療を制限する，もしくは治療を拒絶する権利を予定している。残された生命が限られている末期の患者は，深く持続する鎮静を求める権利があることになろう。必然的に，この鎮静は，生命を維持するあらゆる治療の停止を伴うことになる。この法案は，時機を問わず修正可能で健康保険証カードに記載される事前指示を，有効期限を設けないスタンダード・モデルから有効期限を縮小するモデル（現在のところ3年間）にする提案もしている。

第 3 部

ベネルクス 3 国の状況

第8章

オランダとベルギーにおける安楽死と医師による自殺幇助

アグネス・ヴァン・デル・ハイデ
甲斐克則・福山好典（訳）

I. はじめに

1 この地図〔略〕からおわかりいただけるように、オランダとベルギーは、ヨーロッパ中西部に位置し隣接しあう小さな国である。

2 2002年以降、両国は、医師が患者の生命を終結してよい状況を規定する法律を置いている。ルクセンブルクは、議会が安楽死法を可決した3番目のヨーロッパの国であり、それは2008年のことであった。この国において、これは憲法上の危機をもたらした。なぜなら、ルクセンブルク大公が、信念に基づく反対のために、同法の裁可を拒否したからである。そこで、議会は大公の権限を制限することを決め、その後、同法の発効が可能になった。ルクセンブルク法はオランダ法およびベルギー法と非常に類似しているが、ルクセンブルクの実務についてはほとんどデータがない。以上の理由で、私は、本報告をオランダとベルギーの状況に絞ることにする。

II. オランダとベルギーの法制度

3 まず、両国の法制度を簡潔に概観する。つぎに、これらの法制度が臨床実

務においてどのように運用されてきたかを示す。そして最後に，法律の影響と，法制度に関連して現在議論されているいくつかのテーマについて議論する。

4 しかし，まず，いくつかの定義を行っておく。オランダとベルギーにおいて，安楽死（euthanasia）は，医師が患者の明示的な要請に基づき生命を終結させる薬剤を投与することと定義されている。医師による自殺幇助（physician-assisted suicide）は，患者が自己の生命を終結させることを可能ならしめる明示的な意図で薬剤を投与，供給または処方することと定義されている。

5 したがって，安楽死と医師による自殺幇助は，終末期に関わるその他の医療上の意思決定，例えば，延命治療の差控えもしくは中止，緩和的鎮静のような，苦痛もしくはその他の症状を軽減するための薬物増強処置，または明示的な要請なしに患者の生命を積極的に終結させることから区別することができる。

6 これらの具体的な定義，そして，安楽死および医師による自殺幇助と終末期に関わるその他の医療上の意思決定との区別は，多かれ少なかれオランダにおいて創り出されたものである。この国において，法律は，社会，政治および医療職者において何十年にもわたり続けられてきた議論の成果であった。この議論の契機は，1973年のいわゆる「ポストマ事件（Postma case）」であった。この事件において，医師は，繰り返し明示的な安楽死の要請を受けたのちに，瀕死の母親が自分自身の生命を終わらせる手助けをした。その医師は，最終的に，執行猶予付きの短期の刑を科された。裁判所は，その医師が謀殺を行った，と判示したが，無意味な病苦に直面したとき，医師がつねに患者の意思に反してでも本人を生かし続けなければならないわけではないことを認めることにより，安楽死を規制するための第一歩を踏み出した。

1980年代に，安楽死に関する議論は前進し，公式化された。王立オランダ医師会（Royal Dutch Medical Association）もまた，1980年代に，オランダにおける安楽死の公式的な社会的統制に向けた重要なステップを踏んだ。同医師会は，安楽死の合法化を支持した。同医師会は，医師だけが安楽死を実施することを許されるべきであること，そして，安楽死が医師－患者関係の枠内でのみ行わ

れうることを強調した。同医師会は，さらに，医師に事例の届出を奨励することを通じて，安楽死の公式の社会的統制を改良しようとした。かくして，医療職者らは，その専門職団体を通じて，明らかに，統制システムと相当の注意（due care）基準の発展に影響を及ぼした。

　これらの発展の間，オランダにおける国民の安楽死容認率は，1966年の50％から，1998年に90％にまで上昇した。オランダの連立政権の構成の変化，すなわち，キリスト教民主同盟（Christian-democrats）の排除の後，議会は，安楽死が合法化されるべきことを決定した。2002年4月1日，安楽死法（Euthanasia Act）が発効した。同法は，表向きは安楽死を合法化したが，実際には，主に現在の慣行を合法化するものであった。他方，ベルギーでは，議論は非常に短期間であり，主として政界で行われた。ベルギーの議論では，オランダの制度が概ね青写真として用いられた。現在，ベルギーの医師の大多数が法律を支持し，多くのベルギーの医師が，原則として，安楽死の実施を快く引き受けている。

7　オランダとベルギーの両制度において中心的な考え方となっているのが，ある種の社会的統制なしに安楽死と自殺幇助を許容することはできない，というものであることを理解しておくことは重要である。世間一般の人々，患者および家族が医師への信頼を維持していることが不可欠であるが，もちろん，医師は，患者が死にゆくのを介助するとき，通常の医療慣行の限界を超えているわけである。したがって，医師は，透明性を維持しなければならず，決められた基準を遵守していることを証明することができなければならないのである。他方，患者が死にゆくのを介助する実践に携わることを選ぶ医師に，決められた基準を遵守してそれを行うなら法律上訴追されないことを確信させることが不可欠である。かくして，医師が多くの公式の相当の注意基準を遵守するか否かがチェックできるように，医師にはその実施の届出が制度上要求されているのである。

8　届出手続は，両国でほとんど同じである。医師が安楽死を実施したときはつねに，その医師は，法律上定められた届出用紙の様式を用いて，学際的な委

員会に届け出なければならない。学際的な委員会は，相当の注意の6基準を用いてその事例を審査する。検察官は，その後に，医師が相当の注意基準を満たさなかったと委員会によって判定された事例のみを判断するにすぎない。

9 オランダとベルギーの審査手続には，若干の相違がある。第1に，オランダには5つの地域審査委員会があるのに対し，ベルギーには1つの全国審査委員会しかない。第2に，オランダの委員会はすべて，医師，法律家および倫理学者を含むのに対し，ベルギーの委員会は同様に医師と法律家を含むものの，倫理学者の代わりに，3人目の委員は緩和ケア専門家である。第3の相違は，医師と患者の識別情報がオランダの委員会には開示されており，それにより委員会が追加情報を取得したり，または，委員会が必要と考えるときにはフィードバックをすることが可能となる，という点である。ベルギーでは，医師と患者は，原則として匿名である。なぜなら，その方が，医師が届出をしやすくなると考えられたからである。医師と患者の識別情報が委員会に開示されるのは，委員会の委員の3分の2が，追加情報なしには当該事例について結論に達することができないので当該識別情報が必要である，と考える場合に限られる。

10 安楽死の適法な実施のために遵守されなければならない相当の注意基準もまた，両国で比較可能である。患者に関連する4つの基準と若干の手続的基準がある。患者に関連する基準は，概ね同じである。安楽死が実施可能となるのは，医師が，患者の要請は自発的で熟慮に基づくものである，と確信する場合に限られる。ベルギーでは，これに加えて，法律は，患者の要請が繰り返し表明されなければならず，家族または他者からのプレッシャーを受けてはならない，と定めている。さらに，患者の苦痛は，耐え難く絶望的なものでなければならない。その苦痛は，身体的なものでも精神的なものでもよいが，特定の医学的症状または疾患の結果でなければならない。したがって，医学的な基礎疾患を患っていないのに生きるのに疲れたということは，安楽死の実施が法律上許容される理由ではない。医師は，患者に，その症状や予後について十分に情報を与えなければならない。そして，医師は，患者の苦痛を緩和するために利用可能なその他の理にかなった手段がないことを確信しなければならない。

主として患者が何が理にかなうかを決定するが，それには医師の同意が不可欠である。

11 安楽死が許容される患者を確定するこれらの基準に加えて，手続的基準がある。両国において，安楽死の実施を考えている医師は，もう1人の独立した医師に相談しなければならず，そのもう1人の医師は，患者に関連する相当の注意基準が満たされているか否かを評価しなければならない。最後に，生命の終結は，相当の医学的注意および配慮をもって実施されるべきである。この最後の基準は，オランダにおいてのみ公式的な法的基準であるにすぎない。ベルギーにおいて，相当の医学的注意および配慮は同様に重要と考えられているが，医師はつねに相当の医学的注意および配慮をもって行為する義務を負っていると考えられているため，相当の医学的注意および配慮は，この国では安楽死に固有の基準として定められてはいないのである。

12 両国において，医療専門職団体は，医師が安楽死について決定しそれを実施する際に医師を支援する責任があると感じていたため，助言と支援を提供し，さらには法律上要求される公式の相談を担いうる相談医（consultants）に対する公式の訓練システムを設けてきた。オランダにおいて，そのシステムは SCEN として知られており，ベルギーでは LEIF と呼ばれている。

III. オランダとベルギーにおける安楽死の実践

13 さて，報告の第2部に移り，両国における安楽死の実践に関する多くのデータを示そう。安楽死の合法化が終末期の意思決定の実務に与えた影響と特定の患者グループにおけるその出現について私が知っていることを示そう。

14 オランダにおける安楽死合法化のプロセスのユニークな特徴は，体系的な経験的調査の位置づけであった。1990年，政府は，レメリンク委員会（Remmelink Commission）を設置し，オランダにおける医師による生命終結の実施の頻度と主な特徴に関する調査を委託した。最初の全国調査ののち，類似の調査が

図1 オランダにおける安楽死と医師による自殺幇助の頻度

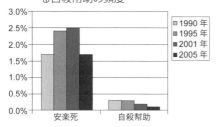

図2 オランダにおける安楽死要請数

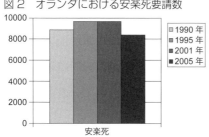

1995年, 2001年, 2005年に行われた。5度目の調査が2010年に実施されたが, 残念なことに, その結果はまだ利用可能でない〔2012年3月段階：訳者。現在(2015年)では利用可能である。〕。

1990年における死亡全体の1.7%が安楽死の結果であることがわかった。これは, 1995年および2001年には約2.5%であった。法律の成立後の2005年の頻度は, 1990年のそれと同じようなものであった〔図1〕。このことは, オランダにおける年間事例数が, 2005年まで2,000件から2,500件の間であったことを意味する。医師による自殺幇助は安楽死よりも優先されるべきだという, 王立オランダ医師会の勧告にもかかわらず, 医師による自殺幇助は, 安楽死よりもかなり頻度が低い。2005年における, 医師による自殺幇助は, 死亡全体の0.1%, つまり約100件であった〔図1〕。医師による自殺幇助よりも安楽死が頻繁に選択されることについては, 次のような説明が可能である。すなわち, 医師は, 生命終結行為をコントロールすることを望んでおり, また, 患者が自ら薬剤を経口服用するときに生じやすい予想外の問題が生じた場合に医療上の援助をすることができるようにしておくことを望んでいる, ということである。安楽死は, 患者が自ら薬剤を服用しえないくらいに衰弱しているときにもしばしば優先される。

15 安楽死の要請数〔図2〕は, 安楽死の実施数と同じパターンに従っていた。要請数は, 実施数の約3倍である。このことは, 真摯な要請全体の3分の1が医師によって是認されているが, 3分の2はそうでない, ということを意味する。調査からは, これらの是認されざる要請の約半分で, 公式の安楽死手続が完了

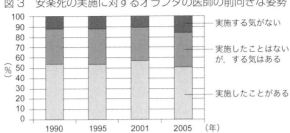

図3 安楽死の実施に対するオランダの医師の前向きな姿勢

する前に患者が死亡していたこと，他方，残りの半分では，基準が満たされていないか，もしくはまだ満たされていないと考えられたために，医師が要請を是認するのを拒否したことが明らかになった．

16 このスライド〔図3〕でご覧のとおり，安楽死の実施に対するオランダの医師の前向きな姿勢は，過去20年多かれ少なかれ変わらない．すなわち，全医師の半分強が少なくとも1度は安楽死を実施したことがあり，約40%がそれを行ったことはないがする気はあり，約10%が安楽死の実施を拒否しているのである．

17 終末期の意思決定における医師の役割は，安楽死と自殺幇助に限られない．ご覧のとおり，これらの実施は，延命治療の断念（差控えまたは中止）や薬物増量による症状緩和（intensive alleviation of symptoms）と比べれば，稀である．治療の断念と薬物増量による症状緩和はともに，死亡患者全体の約20%で実施されている．ご覧のとおり，相対的に少ないが，生命終結を明示的に要請しなかった患者における生命終結の実施もある．この実践は，主として，新生児と昏睡状態の患者に関わるものである〔図4〕．

18 次のスライド〔図5〕で，最も頻繁に安楽死を受ける患者のタイプについて示そう．安楽死の利用率が最も高いのは，比較的若い患者である．安楽死は，80歳以上の患者では比較的稀である．このスライドでは，ご覧のとおり，全死亡患者のうち約半数が80歳以上である．

図4 オランダにおける終末期の意思決定の頻度

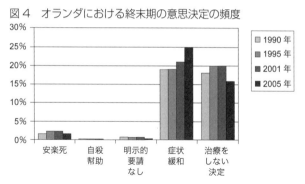

図5 安楽死／自殺幇助と年齢

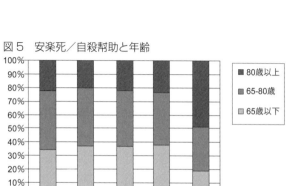

19 しかし，このグループは，安楽死を受ける患者の中では明らかに少数である。調査が行われたすべての年において，安楽死は，主に，比較的若くして亡くなる患者に関わる実践だったようである。

20 安楽死を求める患者の大多数は，癌である。その一方で，癌は，全死亡患者の約 30% の死亡原因である。

21 癌は，安楽死を受ける全患者の約 80% における基礎疾患である。

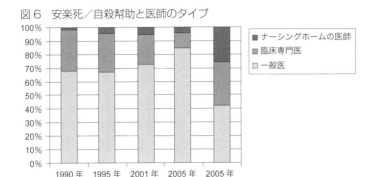

図6 安楽死／自殺幇助と医師のタイプ

22 さらに，安楽死と自殺幇助の大多数の事例は，病院またはその他のヘルスケア施設の外で在宅ケアを提供する一般医 (general practitioners=GP) によって実施されている。一般医は，オランダにおける死の約40%に関わっている〔図6〕。

23 しかし，一般医は，全安楽死事例の約80%を担っている〔図6〕。このことは，次の事実によって説明可能である。すなわち，安楽死は，通常，自宅で死ぬことを望む患者の長期間の医師−患者関係のコンテキストにおいて実施されるものなので，その長期間の関わりの典型が，一般医が患者との間に有する関わり方だということである。

24 様々な世代における比率をご覧いただくと，明らかに，比較的若くして亡くなる人々において比率が高い。これは，ベルギーでも同様である。

25 ご覧のとおり〔略〕，安楽死は，両国とも，女性よりも男性においてやや多く行われている。

26 また，両国とも，安楽死は，癌で亡くなる人々においてはるかによく行われている。

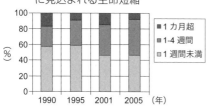

図7 安楽死／医師による自殺幇助の場合に見込まれる生命短縮

27 同じことは，自宅で亡くなる人々においても言える。ただし，安楽死は，ベルギーの病院では比較的よく行われているようである。

28 ベルギーについては，安楽死を要請する理由に関するはっきりした大規模なデータを持っていないが，ご覧のとおり〔略〕，オランダについては，安楽死を要請し実施された人々の大多数が身体疾患，多くは癌を患っている。精神疾患を患う患者に対する安楽死，または，生きることに疲れたかもしくはうんざりした患者に対する安楽死は，かなり稀である。

29 安楽死が生命を短縮する程度はしばしば限定的である，という事実を認識しておくことは重要である。安楽死を実施された多くの患者の余命は，1カ月未満であり，多くの場合，1週間より短くすらある〔図7〕。

30 先ほど，明示的な要請をしなかった患者の生命を終結する実践に少し触れた。この実践は，主として，重度の障害を持つ新生児，不可逆的な昏睡にある患者，またはまったく緩和の見込みなしに非常に苦しんでいる無能力患者に関わる。この実践は，オランダとベルギーでは違法と考えられており，次第に減少しつつある〔図8〕。おそらく，その理由は，臨死介助（assistance in dying）をもっぱら死にたいと自律的に決定する患者に限ることが重要だという意識が医師の間で高まりつつあるからであろう。

31 ご覧のとおり，この実践に対する医師の前向きな姿勢もまた，数年来，次第に減少してきている。すなわち，このグラフ中の最も濃い色の部分〔「実施する気がない」〕の増加は，この実践に携わることを拒絶する医師の割合を示している〔図9〕。

32 最後に，弱い患者グループ，すなわち，他の者のようには自己の権利を擁護もしくは主張することができない患者，または，家族，ケア提供者もしくは社会からのプレッシャーを敏感に感じ取る患者に対する安楽死の合法化の影響に関して現在までに示されている証拠について論評しよう。こうした患者が多く見られるのは，例えば，社会経済的地位の低いグループ，人種的マイノリティ，無保険者，慢性障害者，精神病患者またはアルツハイマー病患者においてである。

図8 患者の明示的な要請のない生命終結

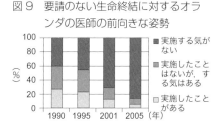

図9 要請のない生命終結に対するオランダの医師の前向きな姿勢

33 これらすべてのグループについての具体的なデータはないが，一般的に言って，データからは，安楽死が弱者グループにおいて比較的よく行われていることは証明されない。社会経済的地位の高いグループの人々が安楽死を実施される割合は，社会経済的地位の低いグループの患者の1.2倍であり，この割合は，人種的マイノリティの人々においてより低い。オランダとベルギーでは，すべての人々が医療保険に加入しているため，〔無保険者における安楽死は〕これらの国にはあてはまらない関心事であるが，それは，アメリカ合衆国のような国々の関心事としてしばしば表明されている。他のグループについて具体的なデータはないが，安楽死を実施される患者の癌罹患率に関する証拠からすると，安楽死がこれらのグループにおいてよく行われている可能性は低い。

34 さて，報告の最終部に移り，法制度の運用と影響について簡単に議論しよう。

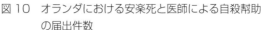

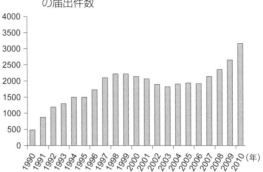

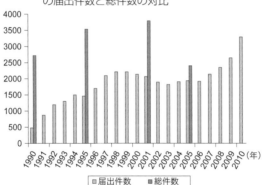

35 このスライド〔図10〕では，オランダにおける安楽死と医師による自殺幇助の数年来の届出件数をご覧いただけよう。法律の成立後，この数はわずかに減少したが，最近次第に増えてきている。

36 このスライド〔図11〕には，1990年，1995年，2001年，2005年の全国調査において確認された件数を加えてある。ご覧のとおり，1990年には，ごく少数の18%しか届出がなされなかった。1990年には，事例を直接検察官に届け出なければならなかった。これが，この低い届出率の説明になりえよう。

学際的な審査委員会の設置後，この割合は，1995年に41%に増加し，2001年には54%に増加した。安楽死法の成立後の2005年には，全事例の80%が届け出られた。2005年において，届出がなされなかった主な理由は，医師が自己の行為を安楽死または医師による自殺幇助とは考えず，したがってその事例を法律上届け出る必要があるとは考えなかったことにある。このことは，使用された薬剤の種類と密接に関係していた。医師が，薬学の進歩のために王立オランダ医師会が勧める薬剤であるバルビツール塩酸を使用し，その後に筋弛緩剤を使用した事例では，2005年の届出率は99%であった。患者の要請に基づいて生命を終結させる明白な意図で患者の生命を終わらせるために他の薬剤，多くはオピオイドが使用された事例では，届出率は2%であった。

37 ベルギーでも，届出件数の増加が見られる。

38 届出件数と総件数の両方がわかる年が1つだけある。その年，つまり2007年には，届出率は53%だったようである。もちろん，ベルギーの医師が届出手続により精通してくれば，この割合は増加するであろう。

39 2002年の安楽死法の成立後，審査委員会は，ほんのわずかな事例においてのみ法令違反の判定を下した。そうした判定の下った主たる理由は，もう1人の「独立した医師」との相談要件を満たさなかったこと，また，使用した薬剤の種類と量でミスを犯したことであった。そうした医師の1人も結局訴追されなかった。多くの医師は法律を支持し，同法が彼らの法的な不確実性を改善したと考え，また，同法が安楽死と医師による自殺幇助を実施する際の注意の水準を底上げしていると考えている。

IV. 結　語

40 安楽死と医師による自殺幇助を許容し法律上規制することが議論の終焉とはならなかったことをお伝えして結語としたい。議論は続き，法律の範囲と限界は絶えず挑戦を受けている。議論の現在のテーマは，例えば，安楽死が認

知症患者に対して許容されるべきか否か，である。委員会は，患者が安楽死を意識的・自律的に要請したと考えられた，認知症の初期段階のいくつかの事例を承認してきた。しかし，認知症のより進行した段階の患者についてはどうか。苦痛はよりひどくなるだろうが，意識的な決定をする患者の能力は減少する。事前指示書は，この種の事例において患者の要請の十分な証拠になるのか。

　もう1つの問題は，医学的な不調がないのに生きることにうんざりし，臨死介助を求める高齢者に関わる。これが社会の高齢化ゆえに今後の主要な問題になるであろう，と予測する者もいる。安楽死法は，この種の患者に対して安楽死を許容していないが，非常に苦しんでいる患者が癌または安楽死の実施を受けられる別の疾患を患っていなければならないというのは不当だ，と考える者も多い。

　オランダの安楽死協会は，ごく最近，いわゆる安楽死クリニックを取り入れた。これは，基準を満たしているにもかかわらず自分のかかりつけの一般医によって安楽死を拒絶されている患者に別の医師から安楽死の実施を受ける機会を提供するものである。このイニシアティブは多くの批判を受け，法律上の限界内で運用されていると考えうるのか否かは，今後の評価に委ねられている。

41　患者に安らかで尊厳のある死を提供することは，容易でない。文化的背景と諸国内および諸国間にある相違は，終末期のケアおよび終末期の意思決定の実践ならびにその規制において重要な役割を果たす。安楽死の合法化は，われわれの社会における3つの変化の結果である，としばしば考えられている。すなわち，個人主義化，死に関するタブーの減少および生命を引き延ばすことが必ずしもすべての患者にとって治療の適切な眼目ではないという認識の広がり，である。

　これらの展開は，個々の患者の事例とより一般的なレベルでの議論の両方に影響を及ぼす。研究の観点からは，終末期の意思決定の理由，実践および帰結をさらに明確にするために，理論的なレベルと経験的なレベルの両方において，なすべきことはまだ多い。終末期の質を測定・比較する方法は，依然として，死にゆく患者，その家族および関係するケア専門職者の経験に関する注意深い研究によってのみ解決することができる困難な問題である。

ヨーロッパ全体・ベルギーの状況

第9章

安楽死
―― ヨーロッパおよびベルギーにおけるスタンスと実務 ――

リュック・デリエンス
甲斐克則・福山好典・天田悠（訳）

I．はじめに

　われわれは，大陸や文化を横断して終末期の諸問題を議論する機会をあまり多く持っていないし，それが安楽死ともなればなおさらである。私は，死（death）とか死にゆくこと（dying）について，われわれが互いの経験や問題提起から学びうると確信する。

　本日報告するのは，以下の内容である。
II．**安楽死へのスタンス**に関するヨーロッパの展開
III．ベルギーとオランダにおける**安楽死法**
IV．ベルギーにおける**届け出られた安楽死事例**からみた安楽死に関する医療慣行
V．ベルギーにおける医師への**大規模調査**からみた安楽死およびその他の終末期の意思決定に関する医療慣行
VI．社会的弱者グループにおける安楽死の利用

II．安楽死へのスタンスに関するヨーロッパの展開

　過去数十年にわたり，安楽死は，多くの産業社会において公共の議論の主要

なテーマになってきた。この議論の中心的な問題は，医師が末期病者の生命をその明示的な要請に基づき致死量の薬剤を投与することによって終結させることを容認しうるかどうか，である。

医療技術の進歩により，かなりの程度まで生命を維持し引き延ばすことができるようになってきた。平均余命が延びるに従い，ますます多くの人が，現在，苦痛，依存および／または尊厳の喪失によって特徴づけられる，生活の質（quality of life）の悪化を伴う慢性的な衰弱性症状に直面している。こうした展開により，個人，家族および医療提供者は，延命治療を拒否もしくは中止すべきか否か，安楽死を要請すべきか否か，または自殺幇助を求めるべきか否かといった困難な終末期の意思決定（end-of-life decisions）を行うますます多くの責任を負わされるようになってきた。同時に，死へのスタンスも変わりつつある。いつ，どこで，どのように死ぬかに関する意思決定は，もはや医療職者だけの領域ではない。自らの死にゆく状況をコントロールしたいと願う人々は，ますます増えているのである。

ヨーロッパにおいて，安楽死の非犯罪化をめぐる議論には，近年，前進がみられ，中には，法律を改正して〔医療〕慣行を許容するよう政府に圧力がかけられた国もあった。2002年，オランダでは，ヨーロッパ諸国ではじめて，厳格な条件の下においてではあるが，医師が安楽死を実施することを許容する法律が施行された。この出来事は，ヨーロッパ中で，その支持者の間でも反対者の間でもセンセーションを巻き起こした。同年，ベルギー議会は，活発な議論を経て，オランダの例に倣うことを決定した。ルクセンブルクもこれに続き，2009年，類似の厳格な条件の下で安楽死を合法化した。フランス，イギリス，スペインといったその他のいくつかの国では，安楽死論議は，ますます激しさを増しており，このテーマは，毎回のように国政上のアジェンダに掲げられてきた。

さらに，広く知られることになった個別事例がヨーロッパ中で絶えず論争を再燃させている。例えば，癌を患い，安楽死を受けることを求める訴訟に敗れた後の2008年に自殺したフランスの元教師シャンタル・セビール（Chantal Sebire）がそうである。また，アルツハイマー病の漸次的な衰弱プロセスを経験したくないという理由で，2008年に安楽死によって自らの生命を終結させる

ことを選択したベルギーの作家ユーゴ・クラウス (Hugo Claus) もそうである。後者のケースは特に重要であった。なぜなら，このケースは，安楽死を許容する国々と安楽死を禁止する国々のいずれにおいても，安楽死を容認しうる事例について徐々に寛容になっていくリスクをめぐる議論を再燃させたからである。このような事情を背景として，このテーマに関するヨーロッパ世論の現状と，この世論がここ最近どのように展開してきたのかを調査することは，きわめて重要である。

　前回の国際比較調査は，1999 年に 33 カ国で収集された**ヨーロッパ価値観調査**（European Values Study（EVS））データを基礎とするものであったが，本調査からは，安楽死容認度がヨーロッパ各国で大きく異なっていることがわかった。〔安楽死〕容認〔度〕は，オランダ，デンマーク，フランスのような国々では非常に高く，マルタ，トルコ，ルーマニアのような国々ではきわめて低かった。

　ヨーロッパ諸国間および諸国内における安楽死へのスタンスの相違をよりよく理解するためには，安楽死への世論のスタンスを確認するだけではなく，世論が社会人口統計学的・イデオロギー的・文化的な特徴によってどのように構成されているのかを調査することが重要である。**1999 年のこのヨーロッパ価値観調査**によれば，信心深さ（religiosity）がヨーロッパにおける安楽死容認〔度〕に関する最も重要な説明因子であり，信心深い人は，信心深くない人よりも安楽死に否定的であった。ヨーロッパ圏外で実施されたものだが，その他の多くの調査からも同じような結果が得られた。カトリック，イスラム教，ギリシャ正教，プロテスタントまたはフィランソロピーのような宗派の役割は，その影響が国ごとに大きく異なっていたため，さほど明らかではなかった。さらに，安楽死容認度が加齢とともに減少し，教育レベルや社会階層の上昇とともに増加することが認められた。この結果は，その他のいくつかの非ヨーロッパ圏調査の結果とも一致するものであった。

　近時，私のチームは新たな調査を実施し，この調査を繰り返した。その際，2008 年に実施された最新の**ヨーロッパ価値観調査**からのデータを利用した。これらのデータのおかげで，安楽死を実施するための法的枠組みを有する国々と有さない国々における世論をはじめて比較する機会が得られた。しかも，2008 年の調査の対象は，より多くの国々，すなわち **47 カ国**に及んでおり，モ

ルダビア，グルジア〔現・ジョージア：訳者〕，アルメニア，アゼルバイジャンのように，新たに加わった国々の大多数は，主としてイスラム教徒またはギリシャ正教徒が居住する国であった。これらの国々を調査対象に含めたことにより，ヨーロッパにおける安楽死に関する宗派間のスタンスの相違をより徹底的に調査することが可能になった。

本調査が扱った調査項目は，以下のとおりである。

(1) 47のヨーロッパ諸国における現在の世論の安楽死容認度はどうなっているのか。
(2) 宗教的・社会人口統計学的な因子は，これらの諸国間および諸国内における安楽死容認〔度〕の相違をどの程度説明しうるか。

本調査のためのデータは，ヨーロッパ価値観調査から得られたものである。ヨーロッパ価値観調査は，暮らし，家族，仕事，宗教，政治および社会に関する長期的な大規模国際アンケート調査プログラムである。これは，ヨーロッパ全土の市民の思想，信条，好み，スタンス，価値観および意見を明らかにするユニークな調査プロジェクトである。第1回のヨーロッパ価値観調査は，1981年に開始された。この調査は，9年ごとに，対象国を増やしつつ繰り返されている。

分析に利用したのは，最新の第4回調査からのデータである。この第4回調査は2008年に実施され，その対象国は47のヨーロッパ諸国に及んだ。各国で，その国の典型的な成人に対しインタビューが実施された。ほぼすべての国で，対面インタビューの形式が用いられた。

アンケート調査票は安楽死について1項目を設けており，それは以下のような文面であった。

> 「あなたは安楽死（不治の疾患を患う者の生命を終結すること）について，つねに正当化される，決して正当化されない，両者の中間のどれか，のいずれとお考えですか。」
> 回答者は，1（「決して正当化されない」というレベル）から10（「つねに正当化される」というレベル）までの評価尺度に基づいて回答するか，「わからない」と回答するかしなければならなかった。

結　果

　合計6万7,786名のヨーロッパ市民が調査に参加し，その全体的な回答率は69.3％であった。

　安楽死容認〔度〕の平均スコアは，47のヨーロッパ諸国間でかなり異なっていた。最も高いスコアの国はデンマークであり，そのすぐ次にベルギー，フランス，オランダ，そしてスウェーデンが続いた。

　安楽死容認〔度〕に関する2008年の国別順位を前回〔＝1999年〕の国別順位と比べると，最も順位を上げたのは，スペイン，ポルトガル，イギリス，ドイツ，イタリアであった。順位を最も下げたのは，ロシア連邦，ウクライナ，ギリシャ，スロバキア共和国，ベラルーシであった。

　国別の安楽死容認度と信心深さの度合いを軸にとった図表は，2変数間の中程度以上の負の相関関係を示した（図1）。エストニアとチェコ共和国だけが，一般的な相関パターンからやや外れているように見える。クラスター分析（cluster analysis）をすると，対象国は5つのクラスターに分割され，図1の**左上**のクラスターと**右下**のクラスターが最も均質性が高かった。左上のクラスターには，トルコ，コソボ，マルタ，グルジア〔現・ジョージア：訳者〕，キプロスといった，安楽死を強く拒否するきわめて信心深い5カ国が集まったのに対し，右下のクラスターには，オランダ，ベルギー，デンマーク，フランス，スウェーデンといった，逆の態度を示す5カ国が集まった。残りの37カ国は，中間的な立場をとる国々から成る3つのより均質性の低いクラスターに分割された。

　安楽死容認度は，加齢とともに減少し，教育レベルが高い人や都市部に住む人ほど増加し，また，女性ではより低かった（表3）〔略：訳者。以下同じ。〕。

　多変数分析（multivariate analysis）からは，信心深さの程度が個人レベルでも国レベルでも安楽死容認〔度〕に関する非常に重要な説明因子であることがわかった。

　本調査では，安楽死と自己決定権に関する信条との間に強力な結び付きが認められた。事実，分析の結果，安楽死容認〔度〕が自己決定権に関わるその他の事柄〔に対する容認度〕と同一の次元に属することがわかった。国レベルにおける強力な結び付きは，両因子に関する国別スコアーの散布図を示す図3〔略〕からわかる。図3〔略〕は，安楽死容認〔度〕と個人の自己決定に対する容認〔度〕

図1　2008年のヨーロッパ価値観調査の結果

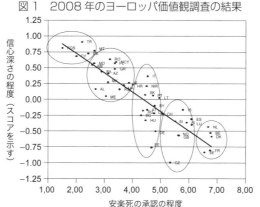

図1。2008年の国レベルでの信心深さによる安楽死容認度。最小容認度スコアー＝1（決して正当化されない）。最大容認度スコアー＝10（つねに正当化される）。信心深さの程度は、9つの質問に基づいて算出された標準化された因子スコアーである。

との間の強い相関関係を示している。線形近似曲線より下の国々は、自己決定権の全面的な容認に基づき、期待以上の安楽死容認〔度〕を有する国々を示し（例えば、ベルギー）、他方、線形近似曲線より上の国々は、安楽死容認〔度〕が自己決定権に関わるその他の事柄に対する容認〔度〕と比べて相対的に低い国々を示している（例えば、スウェーデン、ギリシャ）。

本調査の要点を示せば、以下のとおりである。

- 現在の世論の安楽死容認度は、ヨーロッパの大部分で低度から中程度である。
- しかしながら、著しく高い容認〔度〕が、オランダやベルギーといった西ヨーロッパ諸国から成る小さなクラスターに見られる。
- ヨーロッパ全土を見渡すと、安楽死容認〔度〕について、東ヨーロッパと西ヨーロッパの間に分裂があるように見える。
- 個人の自由を重んじる一般的なスタンスに次いで、信心深さという特徴が最も重要な説明因子である。

III. 2002年にオランダとベルギーにおいて施行された安楽死法

　2002年にオランダとベルギー両国は安楽死法を施行した。

　オランダでは，安楽死と医師による自殺幇助が2つの実施可能な末期の選択肢として規定されている。これに対して，ベルギーでは，法律は安楽死しか規定していない。いずれの国でも，それを要請をする患者は，希望する時点において成人で能力を有する〔ことが必要である〕。オランダ法だけが，12歳以上の未成年者からの要請に関する特別規定を置いている。

　オランダにおいて，安楽死合法化をめぐる公共の議論は，すでに1970年代に始まっていた。すでに1984年以降，安楽死は，医師が相当の注意（due care）基準を遵守して実施したときには，オランダではもはや不法でなくなっている。

　ベルギーにおいて，安楽死法は，議会および生命倫理に関する連邦諮問委員会（Federal Advisory Committee on Bio-ethics）でわずか3年間議論しただけで採決に付され，このプロセスをサポートした医学会は1つもなかった。

　両法とも，安楽死を「**患者の生命をその要請に基づき意図的に終結させる，第三者によって実施される行為**」と定義する。いずれの国でも，安楽死は，医師だけが実施しうる。さらに，両法の誘因には類似性があった。両法とも，安楽死が現在の重要な医療慣行であるという，信頼しうる全国調査において推定された証拠を受け容れている。主な目的は，こうした〔医療〕慣行を公にすること，医師が生命を終結させる各事例を評価する際に統一的な基準を適用すること，それゆえ，この種の事例において最大限のケアが保障されるようにすることにある。安楽死に関する意思決定は，医師・患者関係の枠内に留められ，（社会的）コントロールは**死後審査手続**の枠内において確立されてきた。医師が安楽死を実施しうるのは，医師が以下の点を評価しうるに十分なほど患者について知っているときに限られる。

1. 安楽死の要請が自発的で十分に熟慮されたものか否か，
2. 患者の医学的症状に改善の見込みがないか否か，および
3. 患者の苦痛が耐え難いものか否か。

安楽死の要請を拒否可能とすることにより，いずれの国でも，医師の良心の自由が保障されている。

いずれの国でも，安楽死を要請する患者は，以下の点について十分に情報を与えられなければならない。

1. 自己の症状（診断および予後），ならびに
2. 考慮の対象となりうる利用可能なすべての治療法。

主治医は，安楽死の要請に従う前に，自らと関係がなく，かつ患者の治療に携わってもいない医師に相談しなければならない。それゆえ，主治医は，顧問医（consulting physician）から独立していなければならない。

医師による生命終結行為は，ベルギーとオランダのいずれでも，審査委員会による評価を受ける。ベルギーでは，1つの**全国審査委員会**しかない。その委員の任期は4年で，内閣が任命する。オランダの医師は，**5つの安楽死地域審査委員会**のうちの1つに安楽死事例を届け出なければならない。その委員の任期は6年で，法務大臣および保健福祉スポーツ大臣が任命する。安楽死を実施した医師は，いずれの国でも，記録のため，必要事項を記載のうえ届出書を審査委員会に提出することになる。いずれの国でも，審査委員会は，医師が遵守し届け出た医療上の意思決定手続を対象として審査することになる。

医師が事例の届出を行い，審査委員会がその届出に基づき，当該医師は相当の注意をもって行為したと判定したときは，いずれの国でも，検察庁に通報されることはなく，不処分となる。しかし，審査委員会が，医師は制定法上の相当の注意基準を満たさなかったと認定するときは，その事例は検察庁に通報されることになる。

小括すると，ベルギーとオランダは，厳格な相当の注意基準の下で，かつ，届出手続による検証の後に，安楽死を合法化する世界初の国である。

IV. ベルギーにおける届け出られた安楽死事例からみた安楽死に関する医療慣行

それでは，ベルギーにおいて**届け出られた**安楽死事例の件数とその特徴を示

そう。

　2002年の安楽死法施行以降，ベルギーでは何件の安楽死事例が届け出られているのか。これらの事例の人口統計学上および臨床上の特徴は何であり，それらは全人口における死亡例の特徴と何が異なるのか。安楽死の決定とその実施の特徴は何か。安楽死を実施された末期疾患の患者と末期疾患でない患者とで，臨床上の特徴に何か違いはあるのか。また，安楽死事例の特徴は，ここ何年かの間で進展がみられるのか。

　安楽死登録簿から選別された情報から成るこのデータは，安楽死事例を審査委員会に届け出た医師によって提出されたものである。

安楽死事例の届出の発生率と全死亡例との比較

　安楽死事例の届出件数は，毎年増加している（表1）。

　1つの解釈として，安楽死の発生がここ何年かの間で増加しているということがいえよう。ベルギーは，1981年から1999年までの間で，全人口で安楽死の受容が急激に増加していることで知られているが，2002年の安楽死合法化以降続いている傾向によれば，患者が安楽死を自身にとって受容可能な，末期における1つの選択肢と見なすことは，ますます妥当とされつつあるといえる。医師も，安楽死がもはや違法でないという風潮の中で，安楽死の実施をより望むようになってきている。もう1つの解釈としては，おそらく一部では，委員会が安楽死事例を司法当局送りにしたことがないため，医師が安楽死を届け出ることをますます望むようになってきているといえるであろう。

　全体として，ベルギー国民のうち，60％がオランダ語を話し，40％がフランス語を話す。全安楽死事例のうち，83％がオランダ語を話す医師によって届出が行われたのに対し，フランス語を話す医師によって届出が行われたのは，16.7％にすぎなかった。最近のいくつかの研究は，この違いを説明しようとしているが，以下の2つの説明が妥当であると思われる。第1に，経験則に基づくデータは，ベルギーのオランダ語圏委員会とフランス語圏委員会における，生命終結に関する異なる医療慣行を示している。第2に，安楽死事例を全国調査委員会に届け出ることについては，医師の任意性によっても違いがある。

表1 立法化以来届出のあった安楽死の件数（年間約10万人の死者あたり）

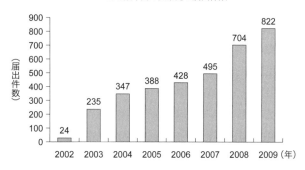

ここ数年間の安楽死の届出件数

届け出られた安楽死事例の特徴

　男性, 若年患者および癌患者は, 安楽死事例の届出例が著しく多かった (表2)。80歳以上の患者については, すべての死亡例で, また, 癌患者との比較では, 癌以外の患者では, 届出例がきわめて少なかった〔表に記載なし〕。

　別の調査の中でかつて示されたような, 安楽死が合法とされると高齢患者の生命が医師の幇助によって終結させられるようになるのではないかという懸念を立証するに足りるだけの証拠は発見できなかった。われわれの調査結果によれば, 80歳以上の高齢患者に関しては, 診断後管理と死亡場所についてでさえ, 全死亡例と比較して, 安楽死事例が著しく少なかった。この年齢グループでも, 届け出られた安楽死の件数がここ何年かの間で増加していないことは明らかであった。したがって, 高齢患者は, 安楽死合法化のリスクを高めたり増加させる存在ではない, と思われる。

　安楽死の決定およびその実施の特徴については, 次のスライドでお見せしよう (表3)〔略〕。

　病院で亡くなった患者に関していえば, 第2の顧問医は, 臨床専門医が最も多く (69.7%), 自宅またはケア・ホームで亡くなった患者については, 一般開業医が最も多かった (それぞれ73.5%および84.1%)。緩和ケア専門医は, 自宅 (7.9%) またはケア・ホーム (4.9%) で亡くなった患者よりも, 病院で亡くなった患者 (15.7%) の方を多く診察していた。病院勤務医は, 自宅 (全事例中29.6%) また

表2の1　安楽死の届出件数

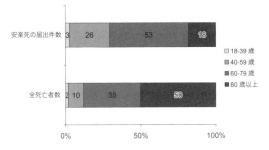

Smets T, Bilsen J, Cohen J, Rurup ML, Deliens L. Legal euthanasia in Belgium: Characteristics of all reported euthanasia cases. Medical Care 2010 Feb;48(2):187-92.

表2の2　届出件数の特徴

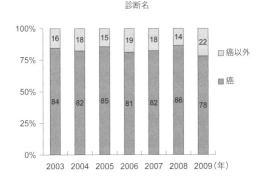

はケア・ホーム（全事例中31.7％）の医師よりも頻繁に補助医（全事例中の38.2％）との相談を行っていた。

　自分以外の1名の医師のみに助言を求めたにもかかわらず，医師は，全事例の実質的な件数において，補助医または**緩和ケアチーム**（palliative care teams）との関係を有していた。このことは，以下のことを示しているといえよう。すなわち，医師は，緩和ケアについて助言を行うための専門家の重要性を承知しており，生命終結を要請する患者に対して緩和ケアの有効な選択肢を呈示し，それはしばしば緩和ケアと安楽死がベルギーの介護者による相互排他的な二者択一ではなく，むしろすぐれた生命終結ケアにとって不可欠の要素と見なされ

るとの調査結果と一致する，ということである．補助的な診察を説明するためのもう1つの要素としては，ベルギーの病院の多くが一定の緩和ケア手続を遵守した場合にのみ安楽死を許容し，それらを遵守することに加え，さらに法による要請を行っていることが挙げられる．

　ベルギーにおける安楽死事例の届出に関する**結論**として，安楽死が末期における最後の手段として，若年患者や癌患者によって最も多く選択されている，という結論を導き出すことができる．ここ何年かの展開は，滑りやすい坂道の仮説（slippery slope hypothesis）を証明するものにはまったくなっていない．さらに言えば，類似の厳格な相当の注意という基準の下で末期患者であると認定されるにしても，わずかな人数であってそれが増加する様子もなく，また，末期でない患者からの安楽死の要請や，何らかの非身体的な疾患に苦しむ患者からの安楽死の要請は，ベルギー安楽死法の下で認められうるし，そうした要請はベルギーで現に認められている．これ以降の研究においては，安楽死の届出率の算出に焦点を当てたうえで，本章で報告されなかった実務の方に着目してみることにする．

V．ベルギー・フランダースにおける医師への大規模調査からみた安楽死およびその他の終末期の意思決定に関する医療慣行

　安楽死法施行前後に，われわれは，人口約600万人で毎年およそ5万5,000人の死亡が確認される，ベルギーで最も人口の多いフラマン語圏における死亡例の実地調査を行った．われわれは，同じく周到な研究設計に従って，われわれの成果が妥当で信頼に足りるものであることを強固に裏づけるために，以下で紹介する2つの調査の中で，鍵となる質問を行った．

　1989年の4,000人の死亡例から2007年の6,000人の死亡例まで，全死亡例の中から無作為にサンプルを抽出するために，全認定医に対し，患者にとって生命短縮が可能または確実であると医師によって評価された，終末期の医療慣行の異なる類型に関する5頁の質問表が送付された．

　この質問表では，2度の研究調査において，ほぼ同じ事柄について質問が行われた．まず行われたのが，死亡が突然で予期されなかったものであったか，

主治医が患者とはじめて接触したのが患者の死亡後であったか、という質問であった。この2つの質問に対して否定的な回答がなされた（それゆえに、死亡前の終末期の意思決定がありえた）場合、医師に対しては、彼／彼女が、1）治療行為の差控えまたは中止を検討し、明らかな故意に基づいて患者の死期を早めたか、2）彼／彼女が薬剤を用いて苦痛および／またはその他の症状の緩和に努めたかを考慮し、故意に死期を早めた可能性があったか、3）彼／彼女が死期を早めるために明らかな故意により薬剤を投与、提供または処方したか、についてそれぞれ質問がなされた。

最後のケースでは、患者の明示的な要請によって、患者以外の者によって薬剤が投与された場合、その行為は安楽死に分類されなかった。薬剤が処方または提供され、患者自らが薬剤を飲んだ場合、その行為は医師による自殺幇助に分類された。

生命終結が行われた場合は、意思決定プロセスに関する質問、すなわち、当該決定について患者、家族およびその他介護専門職と話し合いが行われたか、患者が医師によって安楽死の適格性があると診断されたか、患者による要請があったか、といった質問が続けて行われた。患者と何ら話し合いが行われなかった場合は、患者が生命終結の希望を（明示的または黙示的に）表明したことがあるかに加えて、医師に対しては、患者の生命終結措置を実施しなかった理由が求められた。年齢、性別、学歴、軍隊の階級、死を望む理由および死亡場所に関するデータは、死亡診断書からそれぞれ得られた。

回答率は、1998年が48.2％で、2007年が58.4％であった。

2007年は、フランダースにおける全死亡例のうち1.9％が**安楽死**によるものであり、その値は1998年の1.1％を上回っている。

全死亡例のうち1.8％は、**致死的薬剤が患者の明示的な要請を得ることなく使用され**、その値は1998年の3.2％を実質的に下回っている。

苦痛緩和が行われた割合は、1998年の18.4％から2007年の26.7％に増え、**治療不開始決定**は、1998年の16.4％から2007年の17.4％に増加した。

全死亡例のうち14.5％では、**継続的に高い効果の得られる鎮静**が患者に対して行われたとの報告がなされ、その値は、2001年の前回調査時の8.2％を実質的に上回っている。

2001年以降の安楽死および自殺幇助率の上昇は，ケア・ホームを除くすべての患者グループとすべてのケア環境において確認された。2007年の普及率は，65歳以下の患者（4.2％），癌患者（5.7％）および在宅死亡者（4.2％）の間で最も高い数値を記録した。

　2007年に行われた苦痛および症状の緩和は，高等教育を受けた患者と癌患者を除くすべての患者グループで，1998年よりも明らかに高い頻度で実施された。治療不開始決定の普及率の上昇傾向は，80歳以下の患者，癌以外の患者，入院患者において確認された。

　癌患者は，1989年と2007年の2年度の研究において，一貫して，癌以外の患者よりも苦痛と症状を緩和するための措置を受ける傾向にある。2007年にも，安楽死は，癌患者では癌以外の患者のほぼ6倍の件数で行われた。

　安楽死および自殺幇助は，その定義からしてつねに議論が行われているが，患者によって明示的に要請されている（表4）〔略〕。親族と看護師の間で議論が行われた割合がここ何年かでほぼ変動しなかったのに対し，安楽死に携わる医師は，増加傾向にあった。生命を終結させる薬剤が患者の明示的な要請を得ずに使用された場合に関しては，1998年よりも2007年の方が，より多く患者との話し合いが行われた（10％対22％）。関係者も，1998年と比べると，より頻繁に話し合いに参加した。苦痛および症状の緩和に関して，1998年の全事例中19％の患者と比較して，2007年の全事例中24％の患者が，それぞれ話し合いに参加した。この話し合いは，患者からの要請がより多くあってのことであった。治療不開始決定について，1998年よりも2007年の方が，患者からの要請がより多く寄せられた。医師たちは，1998年よりも2007年の治療不開始決定の方により多く関与する機会があった。

　総じて，2007年の生命終結の実施は，1998年のそれよりも，患者による要請によるケースが多く，関係者および看護スタッフとの話し合いは1998年よりも頻繁に行われたといえる。もう1人の医師は，1998年の49％と比較しても，2007年にはその55％が診察を行っている。2007年における，医師によって実施された生命終結のうち16％と10％は，当該決定が患者の最善の利益に資すること，ないしは，患者との話し合いを行わずに下された決定よりも有害な話し合いであろうことを示しており，それは1998年の数値を下回っている。

2年度にわたる研究調査から，われわれは，安楽死（ほとんどが癌を患い自宅で亡くなった若年患者），または，明示的な要請を得ずに行われた生命終結（ほとんどが心疾患または癌を患い病院で亡くなった高齢患者）に関して，患者の特徴がどのようにシフトしたかを確認できずにいた。2007年は，医師と適格性を備えた患者と親族との間で行われた話し合いの割合が，1998年のそれを実質的に上回った。

　われわれは，ベルギー安楽死法が，患者の明示的要請を得ずに行われた自殺幇助を除く，生命終結に関する医療慣行の全類型の割合が増加したことの後追いをしていることを発見した。弱者の患者グループに対して生命を終結させる薬剤を使用することへのシフトは，何も確認されなかった。鎮静の頻度が実質上増加している点については，さらに掘り下げた研究と臨床上の省察が必要である。

　結論として，2002年以降のベルギーにおける安楽死に関する法の変容が，生命終結の実施と意思決定にとって相当のインパクトを有することは間違いない。ベルギーにおける安楽死法施行以降の安楽死実施数の増加は，決して驚くべき事態ではない。生命終結のために薬剤を使用する割合全体は増加していないが，患者の明示的な要請がある比率とそれがない比率との間には，相当なシフトがみられる。すなわち，1998年は，この比率が約1対3であったのに対して，2007年はこれが約1対1になった。安楽死の増加は，ほぼすべての患者グループで確認できるが，過去すでに安楽死の要請を行った患者，すなわち，若年患者，癌患者および自宅で死ぬことを望む患者については，特に高い数値を記録している。

VI. 社会的弱者グループにおける安楽死の利用

　最近，私のチームは，社会的「弱者」グループにおいて，生命終結の決定について医療慣行の中で不均衡があるかを見極めるための系統だった調査を行っている。

　5つの主要なデータベースが出版に向けて精査されているが，それらは，安楽死／医師による自殺幇助，患者の明示的な要請を得ずに行われた生命終結，

症状の緩和，治療不開始決定および社会的要素（例えば，年齢，性別および社会経済的地位）による緩和的鎮静の普及率に関するオリジナルデータを収録している。

この一連の調査は，段階状に選別されたプロセスにより得られた6,377枚のレポートに基づくものである（図1）。773枚のレポートが抽象的な評価のために確保され，321枚のレポートが全文選択され，51枚のレポート（0.7％）が最終的に選別された。

最後の51枚のレポートは，109万人以上の患者を含むものであった。本調査のうち41％が，2004年から2009年までの間に出版された。本調査のほとんどが，アメリカ（35％），オランダ（24％）およびベルギー（18％）で行われた。全論説のうち45％は，ある特定の状況に限定されたものではなかった。膨大な調査のうちの大半が，回顧的なものであった。

(表3)〔略〕この系統だった調査は，年齢，性別，学歴および軍隊の階級に関して，終末期の医療決定の普及率に不均衡があることを示している。

本調査のほとんどは，若年患者と比べて，80歳以上の患者間で治療不開始決定がより多く行われていたと報告しているが（OR 2.15；CI 1.38-3.33〔詳細は略：訳者。以下同じ。〕)，一方で，症状の緩和（OR 0.77；CI 0.59-1.00），緩和的鎮静（OR 0.52；CI 0.33-0.82)，安楽死／医師による自殺幇助（OR 0.31；CI 0.22-0.43）および明示的な要請を得ずに行われた生命終結(OR 0.54；CI 0.35-0.82)は，それほど多くはなかった。

男性と比べて女性に関して，治療不開始決定，緩和的鎮静および明示的な要請を得ずに行われた生命終結に関してのみ重要な点があったが，そこでは同じようなパターンが見られた。

この2つの調査の報告によれば，十分な教育を受けなかった者は，より高度な教育を受けた者に比べて，症状を緩和する措置を受けていなかった。これと反対の研究結果はなかった。安楽死／医師による自殺幇助，および明示的な要請を得ずに行われた生命終結も，十分な教育を受けなかった者の間では回数がより少なかったことが確認されたが，一方で，緩和的鎮静は，そうしたグループ内でより多く用いられていたと思われる。

最後に，この2つの調査から，症状の緩和が独身患者の間でより一般的に行われていなかったことが明らかとなった。

本調査は，死期が迫った患者の医療上の管理（management）が，社会グループによって異なると思われることを示している。本調査は，病気に罹患し，それが継続する過程のみならず，死にゆく過程でさえ健康上の不均衡が存在すると証明した最初の研究成果であるため，まさに注目すべきものである。健康上の不均衡に関する分野のほとんどの研究と異なり，われわれの調査結果の注目点は，不明瞭さがない，という点にある。例えば，比較的健康である，ないしはヘルスケア・サービスにアクセスした者は，比較的健康でない，ないしはそのサービスにアクセスできない者よりも優位にあることが確実に有益だと考えられる一方で，終末期の意思決定のいくつかの類型にあてはまる死への願望が，患者の選択に左右されないということも明らかである。

　例えば，安楽死は議論の対象にならない行為である，というのは間違いである。ある者は，安楽死がいかなる場合にも回避されるべきだ，と主張するであろう。このとき，滑りやすい坂道の仮説，すなわち，安楽死または医師による自殺幇助の割合が「弱者の」患者グループ内で増加するであろう，という考えをよく用いる。われわれの調査結果によれば，総じて，安楽死および医師による自殺幇助は，高齢者，女性，十分な教育を受けなかった者，および独身患者の間で行われることの方が少なかったが，それは，滑りやすい坂道の仮説を証明するに足りるだけの明白な証拠が存在しなかった，ということを強調するものである。

　その一方で，別の者は，安楽死の要請を実現する際，安楽死の実施が認められなかったとしたら，安楽死を要請する患者の方が不利な状況になるであろう，と主張する。こうしたパースペクティブからは，安楽死を要請する患者が不利な状況に置かれるとの主張がなされうる。同様の理由づけが，治療の差控えについてもいえる。すなわち，いくつかの研究は，多くの患者が生命終結期に（心肺蘇生法や人工呼吸のような）望まざる集中的ケアを受けていることを示しているが，一方では，それが生活の質に対して否定的なインパクトを有するものであるにもかかわらず，一定の患者はむしろ延命の方を好む，ということは周知のとおりである。

　実は，われわれの調査結果の注目すべきところは，患者の選好に大きく依拠している点にある。

異なる社会グループ，裕福で長寿の者と健康で長寿の者について，罹患率と死亡率に差異があることはすでに知られている。この系統だった調査は，「死亡の類別（death divide）」の新たな諸相，つまり，死亡時期とその方法に不均衡があることを示している。治療の中止または差控えに関する決定は，より一般的に用いられているように見えるが，潜在的または明らかな生命短縮効果がある薬剤の投与に関して，高齢者，女性，十分な教育を受けなかった者の間では，総じてそれほど頻繁に行われていないように思われる。これらの効果は，より弱者の患者，すなわち，高齢者，貧困者，社会的に隔離された者，受けた教育レベルが低次元の者の間で，より顕著となりうるであろうし，それどころか増幅しうるであろう。

　社会的弱者グループ内の安楽死に関する**結論**として，このテーマに関する研究が不十分であり，その成果から解釈することが困難であり，かつ，それが単なる端緒にすぎない，ということができよう。不均衡は，必ずしも不公正さを覆い隠すわけではない。異なるグループが終末期の医療上の決定に関して異なる選択肢を有するのは，妥当であると思われる。したがって，今後の研究では，こうした不公正さについて，特定の弱者の患者グループに対する最適な末期ケアがまったく存在しえないのかどうか，を調査する必要がある。

ルクセンブルクにおける臨死介助
——新法の成立過程，解釈および実務——

シュテファン・ブラウム
甲斐克則・天田悠（訳）

Ⅰ．成立過程

　2009年3月16日，ルクセンブルクにおいて，2つの重要な法律が発効した。1つが，緩和ケア，患者の事前指示および死の看取りに関する法律（Gesetz über Palliativpflege, Patientenverfügung und Sterbebegleitung[1]）であり，もう1つが，安楽死および自殺幇助に関する法律（Gesetz über Euthanasie und Beihilfe zur Selbsttötung[2]）である。この2つの法律が有する最も重要なメッセージは，積極的臨死介助（aktive Sterbehilfe）が，法律上一定の要件の下で非犯罪化されることにある[3]。これは，20年以上にわたる議論と立法過程の果てのものである。その際，個別事例が公共の議論の中心となることはなかった。臨死介助の法改正をめぐる議論を引き起こしたのは，個人の運命ではなく，「患者の権利」対「生命の保護」，「個人の自己決定」対「宗教上の価値の義務づけ」，ひいては良心の自由の問題と，ある者が死にゆく際にもその尊厳を保てるか，という根本問題であった。
　1989年，安楽死と臨死介助をめぐる社会的コンフリクトは，2つの団体の創

---
1) Loi du 16 mars 2009 relative aux soins palliatifs, à la directive anticipée et à l'accompagnement en fin de vie (...), Mémorial A No 46 du 16 mars 2009.
2) 前掲注1）・Loi du 16 mars 2009 sur l'euthanasie et l'assistance au suicide.
3) Loi du 16 mars 2009 sur l'euthanasie et l'assistance au suicide, 第2条第1項（以下「安楽死法（Euthanasie-Gesetz）」という。）。

設によって顕在化した。「尊厳死への権利のための協会（Association pour le droit de mourir en dignité）」が人間の尊厳を保って死ぬ権利と自己固有の死への広範な自己決定権を擁護する一方で，「オメガ 90（Omega 90）」協会は，特に医師会を援助することで緩和医療の拡充に賛成し，臨死介助の非犯罪化に対して留保を強く求める姿勢を明らかにした。

　国会審議が始まったのは 1996 年であり，それは，独自に設立された倫理委員会によって行われた[4]。政策的，法学的，またとりわけ哲学的，宗教的および医学的アプローチといった多様なアプローチに示されるように，国会審議が方向づけしがたい様相を呈していたことは明らかであった[5]。この時点で，特定の要件の下で行われた積極的臨死介助の完全な不可罰性はまだ認められていなかった。患者の処置と看護処置に関する 1998 年 8 月 28 日法[6]によって，ルクセンブルクではじめて，患者の権利と義務に関してより厳格な法的拘束力を有する規定が誕生した。その第 10 章は，2 つの点で，患者の権利と義務を厳密に規定している。同法第 10 章第 40 条は，集中治療措置に関する詳しい情報を得る権利を患者に与え，診断上または治療上のすべての侵襲を拒否することを患者に認めている。生命維持措置に関して，同章第 43 条は，末期段階にある不治の疾患の場合，主治医が回復の見込みのない集中治療を断念し，患者の肉体的・精神的苦痛を緩和しなければならない，と規定する。この法律は，医師の決定よりも患者の権利により高い重要性を与えるための重要な歩みである，と考えられた[7]。

　その後，1999 年に，議会はある決議を採択した。これは，「患者の事前指示（Patientenverfügung = testament de vie）」に関する法律規定を設ける可能性に賛同するものであり，この規定によって終末期の集中医療に反対する患者の意思に，より強力な効力を与えることになった。デンマークの規定と関連して，患者の事

4）　L'encadrement en fin de vie, Rapport de la Commission Spéciale « D'Ethique » en vue du débat d'orientation sur la médecin palliative, l'acharnement thérapeutique et l'euthanasie ; Chambre des Députés, No 4408 de 18.2.1999, Session ordinaire 1998-1999 参照。

5）　前掲注 4）2 頁および 3 頁参照。

6）　Loi du 28 août sur les établissements hospitaliers, Mémorial, Journal Officiel du Grand-Duché de Luxembourg A – No 78 du 18 septembre 1998.

7）　Chambre des Députés, Session ordinaire 2001-2002, No 4909 de 19.2.2002, Proposition de loi sur le droit de mourir en dignité, Exposé des motifs, 6 頁参照。

前指示の公的な——官庁による——登録制度が整備されることになった。安楽死の不可罰性は，この時点ではっきりと否定されたわけではなかった。このアプローチは，継続的に議論が行われ，さらなる検討に委ねられた[8]。まだそれは結論をみてはいなかった。2001年のルクセンブルク首相ユンカー (Jean-Claude Juncker) による政府声明ののちにようやく，現行法への準備が徐々に具体化された。両法は，超党派のイニシャチブに基づいている。

　緩和医療と臨死介助をめぐる審議がかつてルクセンブルクの社会にとっていかに深刻な影響を及ぼしたか，そして今も深刻な影響を及ぼしているかは，2つの法案が，施行目前にまさに憲法の危機を直接引き起こしたことから明らかである。アンリ大公 (Henri de Luxemburg) は，良心を理由に，法律への署名を拒否した。それ以前に議会は，連立に基づく党議拘束のない自由な採決において，社会民主党 (Sozialdemokraten)（大連立におけるジュニア・パートナー），自由党 (Liberalen) および緑の党 (Grünen) の賛成多数によって，——与党であるキリスト教社会党 (CSV) の反対を押し切り——法律を可決していたのである。議会によって可決された法律に国家元首が同意しなかったことは，大公国の新憲法史上初のことであった。本法をめぐる審議が諸々の原理によって方向づけられているとすれば，大公と議会の間の憲法紛争を解決することの方が，むしろ実践的であるように思われる。法律ではなく，憲法の方が変更された。国家元首の署名は，もはや法律の——実質的な——公布にとって必要ではなく，官報における形式的な告示に対してのみ必要とされるにすぎなくなってはじめて，新法への途が拓けたのである。

II．ルクセンブルクにおける安楽死と緩和医療の法的メルクマール

　ルクセンブルクの立法者は，——刑事事件においてしばしばそうであるように——ベルギーのモデルから影響を受けている。このことは，法律の内容と同じく，その理由づけについても当てはまる。その際，安楽死を非犯罪化することは，ベルギー元老院 (Senat) の考えに基づいており，その考えは，欧州人権

---

[8]　前掲注7)。

条約（Europäische Menschenrechtskonvention: EMRK）第 2 条と，市民的および政治的権利に関する国際規約（Internationale Pakt über bürgerliche und politische Rechte: IPBPR）第 6 条に関連する[9]。ルクセンブルクの立法者がベルギー元老院の見解に着想を得ていることは，欧州人権条約第 6 条と，市民的および政治的権利に関する国際規約第 2 条から導かれる生きる権利（Recht auf Leben）が，いかなる場合にも，本人の意思に反してその生命を保護する国家の義務を含んでいない，というところにある。保護法益は生きる権利であり，個人から切り離された客観的価値の意味における生命それ自体ではない，とされる。したがって，生きる権利を保護する国家の義務を，非人道的で侮蔑的な処遇からの保護，身体の統合性（körperliche Integrität）に関する人権とどのような方法で調和させるかについては，立法者の裁量に委ねられている。安楽死が本人の要請に基づき，明示的に限定された手続の結末として，自動的になされる管理の下で行われた場合，安楽死の不可罰性は，いずれにせよ否定されない[10]。

　安楽死を非犯罪化することは，生命終結に関する倫理的・医学的・法的なその他の諸問題との関連で臨死介助を考察することで，生きる権利の主体に関係づけたこの解釈に効力を持たせるという目的がある。それゆえ，安楽死法と緩和医療法は，全体が 1 セットになっている。緩和ケアと安楽死は，相互に排斥しあう行為であるとは解されていない。その際，両者の限界は常に明確に認識されるとはかぎらないかもしれない。それが境界問題を引き起こしうるにしても，そうである。立法者は，以下でみる概念の定義によってこれらの問題に対応しようとしている。

1　臨死介助と自殺幇助に関する法律
a）　法文上の定義

　安楽死法第 1 条第 1 文は，安楽死を，ある者の生命をその明示的な任意の要請に基づいて医師が意図的に終結させる行為と定義する[11]。同法第 1 条第 2 文

9）　Chambre des Députés・前掲注 7）3 頁参照。
10）　Chambre des Députés・前掲注 7）4 頁。
11）　« Pour l'application de la présente loi, il y a lieu d'entendre par euthanasie l'acte, pratiqué par un médecin, qui met intentionellement fin à la vie d'une personne à la demande expresse et volontaire de celle-ci. »

は，自殺幇助を，他人の明示的な任意の要請に基づいて，同人が自殺をするために医師が行う意図的な援助または準備すべて，と解する[12]。この法文上の定義から，以下の2つの重要な観点が明らかとなる。1つは，非犯罪化される安楽死の適用範囲が医師に限られている点である。安楽死を行った他の者はすべて，故殺ないし故殺幇助（ルクセンブルク刑法（Code pénal luxembourgeois: CPL）第392条「殺人（Homicide）」）によって今もなお処罰されうる。これは，安楽死を行った医師を援助した場合にもあてはまる。もう1つは，立法者がドイツ流の積極的臨死介助と消極的臨死介助の区別を重視していない点である。他の者の明示的な任意の要請に基づいて行われる生命終結行為の意図的な不作為も，第1条の定義に該当する[13]。

b) 安楽死の不可罰性のための要件

安楽死法第2条第1項は，法文上の定義を超えて安楽死が不可罰となる要件を定めている。いま一度，以下の点を確認しておこう。まず，安楽死行為は，医師によって行われなければならない。安楽死または自殺幇助に関する要請があることが要件とされている。医療行為と安楽死の要請は，さらに個別的な一連のメルクマールを含む以下の4つの基本条件によって厳格に規定されている。

安楽死法第2条第1項第1号によれば，安楽死の要請は，理解力のある成人によって，十分な意識があるときになされることが求められる。

第2条第1項第2号は，安楽死の要請に関してさらなる基準を付け加えている。すなわち，安楽死は，任意でありかつ熟慮されたものでなければならず，安楽死の要請は，必要に応じて繰り返し，外部からの圧力を受けることなく申し伝えられなければならない。

第2条第1項第3号は，安楽死行為の実質的核心，つまり患者の医学的症状について定めている。本法は，患者が疾患または事故によって「絶望的な医学的症状（situation médicale sans issue）」にあり，永続的で耐え難い身体的・精神的苦

---

12) « Par assistance au suicide il y a lieu d'entendre le fait qu'un médecin aide intentionellement une autre personne à se suicider ou procure à une autre personne les moyens à cet effet, ceci à la demande expresse et volontaire de celle-ci. »
13) Chambre des Députés・前掲注7) 2頁。

痛に晒され,回復する見込みがまったくないことを要件としている。本法で,「絶望的な医学的症状」というメルクマールには,法律の適用範囲を限定する目的がある[14]。精緻化されたこの定式化は,同法の予備草案で定められた「重篤な不治の疾患 (affection grave et incurable)」という基準と区別される[15]。医学的症状が絶望的とされるのは,その症状が治療上不可逆的である場合,すなわち,死という自然なプロセスに対して何の医学的影響も及ぼさない場合とされている[16]。これに対して,慢性疾患はすべて,立法者の見解によれば——安楽死行為として正当化されないにしても——「重篤な不治の疾患」と見なされうる。本法の理由書の中では,例えば,重度の糖尿病,腎不全またはエイズも挙げられている[17]。

最後に,第2条第1項第4号によれば,安楽死を要請する旨の書面と患者の署名が必要である。

c) 手続規定

上記の要件が満たされない場合に安楽死行為を行った者は,故殺罪で処罰される。ドイツ刑法第216条の嘱託殺人 (Tötung auf Verlangen) のような特権的な構成要件は,ルクセンブルク刑法典にはない。しかし,安楽死の不可罰性に関する規定を超えて,主治医は,不可罰性要件を一部具体化する手続規定をさらに顧慮しなければならない。しかし,手続規定の違反は,刑法上の帰結ではなく,懲戒法上の帰結をもたらしうるにすぎない[18]。この手続化の形態は,ルクセンブルクの立法の核心にとって欠かせない。手続による正統化の原理 (Prinzip einer Legitimation durch Verfahren) は,安楽死のみならず,終末期の患者の意思を最優先させることにもあてはまる[19]。主治医は,安楽死または自殺幇助を行うに

---

14) Chambre des Députés, Nos 4909, 5584, 14.10.2008, Proposition de loi sur le droit de mourir en dignité par l'euthanasie et l'assistance au suicide, Projet de loi relatif aux soins palliatifs (...), Deuxième avis complémentaire du Conseil d'Etat, 6頁参照。
15) 前掲注14)。
16) 前掲注14)。
17) 前掲注14) 6頁および7頁。
18) 安楽死法第8条第4項参照。
19) フランスの立法については,Seifert, Patientenautonomie in Frankreich, FamRZ 2006, 11頁以下 (16頁) をも参照。

先立ち，全部で7つの手続措置を行わなければならない。それによれば，医師には，以下の事項が義務づけられている。

- 患者に健康状態と平均余命に関して情報を提供し，安楽死の要請について，実施可能な治療も含めて患者と話し合うこと。医師は，患者との対話から，その要請が患者の自由な意思に沿い，患者にとって他の解決がその症状からして不可能と思われるという内心の確信を得なければならない（第2条第2項第1号）。
- 患者の身体的・精神的苦痛が継続していることを確認すること（第2条第2項第2号）。
- 自己の所見において，回復の見込みのない「重篤な不治の疾患」という診断に至った第2の独立した医師を召喚すること（第2条第2項第3号）。
- 患者の意思を前提に，患者の症状について看護師と意思疎通を図ること（第2条第2項第4号）。
- 患者の意思を前提に，患者の事前指示の中で挙げられた患者が信頼できる人物とコンタクトをとること（第2条第2項第5号）。
- 患者が選定した者と意思疎通を図る機会があることを確認すること（第2条第2項第6号）。
- 臨死介助実務の管理と評価に関する国家委員会（Nationale Kommission zur Kontrolle und Evaluation der Sterbehilfepraxis）において，安楽死を要請する患者の事前指示が存在するかを確認すること（第2条第2項第7号）。

d) 安楽死の要請としての患者の事前指示

本法の特殊性は第4条第3項にある。すなわち，安楽死の不可罰性は，その要請が明示的である場合のみならず，安楽死に関する「患者の事前指示（Disposition de fin de vie）」により行われた場合にもあてはまる。これは，まず第1に，医師が重篤な不治の疾患であることを確認することを要件とする。第2に，患者は，意識を喪失していなければならない。最後に，現在の学問水準に基づく意識喪失〔状態〕に照らして，不可逆的な医学的症状が問題とされなければならない。

安楽死の要請を含む患者の事前指示に関する要件は，第4条第1項と第2項に定められている。行為能力あるすべての成人は，もはや自己の意思を表明できる状況にない場合，本人の署名により確認された生命終結に関する事前指示を書面にすることができる。これは，安楽死を望む事情や条件も含む。上記指示が整っているとき，そこに記載された安楽死の要請が実際に行われるか否かは，重篤な不治の疾患と不可逆的な意識喪失という客観的な医学診断に依拠することになる。医学上の前提条件があてはめる場合，医師は，原則として，患者の意思に従うことが義務づけられる。ただし，医師がその良心や職業倫理により安楽死行為を認めることができない場合は，このかぎりでない。

　書式や患者の署名以外では，第4条第2項第3文から，さらなる形式的要件が明らかとなる。すなわち，患者の事前指示は，臨死介助実務の管理と評価に関する国家委員会に公式に登録されなければならない。この規範が再度強調するのは，絶望的な医学的症状に鑑みて，患者の事前指示が登録されたかを委員会に通知するよう全医師が義務づけられている，ということである。例えば，公式登録の結果は，その指示の中で説明が付された内容について，5年間隔で定期的なチェックが行われる。安楽死を要請する旨を述べる患者の事前指示を公式に登録することは，集中治療や緩和医療の問題に関する患者の事前指示と明確に区別される。後者の事前指示は，安楽死法と同時に発効した緩和ケアに関する法律（Gesetz über Palliativpflege）の対象である。

2　緩和ケアに関する法律

　緩和ケアに関する法律も，非犯罪化効果を有する規定を第2条に設けている。すなわち，「継続的な集中治療を拒否する医師（Refus de l'obstination déraisonnable）」は不可罰である。本法では，進行段階ないし末期段階の重大な不治の疾患が前提条件とされている。本人の状態に照らして，現在の医学知見の水準によれば，その病状が緩和または改善することも治癒する望みもない場合は，集中治療が拒否されうる[20]。それと同時に，医師は，そのようなケースにおいて緩和医療上の処置を施すことが義務づけられている（緩和ケアに関する法律第2条第1文[21]）。

---

20)　本法とよく似たフランスの規定については，Seifert・前掲注19)（12頁）参照。
21)　本法とよく似たフランスの法的状況については，Seifert・前掲注19)参照。

緩和ケアに関する法律第5条は，集中治療，鎮痛療法および緩和医療の規定に照らして，患者がもはや自己の意思を表明できない場合の，患者の事前指示の可能性について規定する。特別な安楽死の要請を含む事前指示と異なり，今後の一般方針を定めるこの権利は，権利能力を有する成人にとどまらず，すべての者に対して付与される。この方針は，治療の条件，限界および終結に関する規定をも含むという。同条は，進行段階または末期段階の重大な不治の疾患のケースと関連がある。この事前指示形態は，いずれにせよ医師にとっては，治療の継続に関する医学的決定を行う際に，当該指示が文書化されていることを必然的に顧慮しなければならないという限りで，拘束力を有する（緩和ケアに関する法律第6条第1項）。書式以外，こうした拘束力をもたらすための別の条件は存在しない。

III. 適用時に起こりうる問題

　2つの法律がパラレルであることが，法的不安定性の1つの要因となっている。絶望的な医学的症状，重篤な不治の疾患，進行段階および末期段階の重篤な不治の疾患といった，法律の適用範囲を規定する様々な概念の適用によって，法的不安定性がもたらされる。法律理由書によれば，進行段階および末期段階の重篤な不治の疾患は，絶望的な医学的症状とほぼ同義である[22]。

　そうすると，医学上必要な2つの所見について，安楽死法の内部で矛盾が生じる。すなわち，医学上必要な所見は，第2条第2項第3号によれば，重篤な不治の疾患に照準を合わせているのであって，絶望的な医学的症状（第2条第1項第3号）に照準を合わせているのではない。——この点に，修正されるべき編集上の瑕疵がある。

　緩和医療に残された治癒可能性に関する「絶望的な医学的症状」というメルクマールの限界づけについても，成功しているとは言いがたい。現行法でさえ，すでに立法手続の段階で生じた患者の事前指示の2つの形態（「終末期の意向書」(„disposition de fin de vie") と「事前指示書」(„déclaration anticipée"))の相克を除去する

---

22) Chambre des Députés, Nos 4909 und 5584, Avis complémentaire du Conseil d'Etat, 6 頁。

ことができていない。この2つの事前指示は本来相容れないが，それでも併存可能である[23]。集中治療の限界と終結に関する患者の宣言や，患者の事前指示の中で挙げられた緩和ケアの基準は，安楽死の要請と同様，末期段階の重篤な不治の疾患という治療状況を対象としている。2つの事前指示を慎重に区分しなければ，主治医は，一見同じに見える行為指針に直面しかねないであろうが，それにもかかわらずこの行為の指針は，法的に別異に取り扱われるべきである。かくして，主治医にとって法的不安定性の程度は，高度なままである[24]。

IV. 国家管理・評価委員会

安楽死法は，いまや現行法となった同法を適用する際のチェックと評価を行うために，すべて新たな構成員――医師の代表，患者の代表，健康保険機関の代表および法律家――から成る（安楽死法第6条第2項），国家委員会を設置している（同第6条以下）。同委員会の重要な任務の1つは，安楽死の要請を含む患者の事前指示を登録する公式のデータバンクを整備することである（第4条第2項）。さらに中心的な任務は，個々人の安楽死の処置そのものをチェックすることである（第7条）。最初の法案とは反対に，これは，追認による事前のチェックではなく，事後のチェックである。これによって，同委員会は，安楽死行為を行うことに関して医師の公式説明を記載した文書を作成する。その際，医師と患者の氏名および接触記録は匿名化され，医学的症状の記述と評価，手続状況の記録，および当該要請の任意性を裏づける指摘のみが，委員会に対して開示可能となっている。これらの事実の呈示に基づき，安楽死の適法性それ自体または手続規定の遵守に対する疑いが基礎づけられる場合にはじめて，関係者に対する呈示の匿名性が失われる（第8条）。

同委員会は，2011年3月末に，2009年と2010年を含む初の報告書を提出した。2009年3月16日から2010年12月31日までの期間に，5つの安楽死事例が記録された。これらの安楽死事例はすべて，患者の直截的・直接的な要請に基づくものであった。臨死介助は，うち2回が自宅で行われ，うち3回が病院

---

23) Conseil d'Etat, Chambre des Députés の見解については，さしあたり前掲注22) 2頁参照。
24) 前掲注23) をも参照。

で行われた。全事例が，末期段階の癌患者であった。このうち，委員会が匿名化を差し止める必要があると判断した事例はなかった。これに加えて，委員会は，681名の患者の事前指示を登録した。

　最後に，同委員会は5つの勧告を発表した。同勧告は，以下の事項に賛成している。

・とりわけ，医学界内部での情報政策の強化。
・在宅臨死介助の実現可能性の保障。
・入院時に，患者の事前指示に関する系統立った質問を可能にすること。
・医学教育および訓練の確たる構成要素としての緩和医療を構築すること。
・これまで実務上維持されてきた法的枠組みを変更せずに持続させること。

編訳者解説・あとがき

　本書は，編訳者が1998年から2013年までの約15年間にわたり終末期医療の法的研究の関係でお招きした海外の研究者の講演原稿を邦訳したもののうち，10編を精選して編訳者の責任で大幅に改訳し，第1部「英米法圏国家の状況」4編，第2部「大陸法圏国家の状況」3編，および第3部「ベネルクス3国の状況」3編，以上の3部に分けて配列・編集したものである。終末期医療の問題領域は多岐にわたるが，本書では，特に安楽死・自殺幇助に関係するものを中心に編集した。したがって，本書のタイトルは，『海外の安楽死・自殺幇助と法』とした。とはいえ，より厳密には，人工延命措置の差控え・中止の問題に言及している論稿もある。しかし，本書の中心は，あくまで海外の安楽死・自殺幇助と法にある。なお，オランダの安楽死については，私自身，すでにペーター・タック教授の『オランダ医事刑法の展開──安楽死・人工妊娠中絶・臓器移植──』と題する単独の編訳書を慶應義塾大学出版会から2009年に刊行している。その意味では，この『海外の安楽死・自殺幇助と法』という編訳書は，その姉妹編とも言えるので，併せて読んでいただければ幸いである。ただ，今回は，私の単独の編訳書ではなく，これまでの講演原稿を主として門下生と共訳してきたものがほとんどである。しかも，年代的に開きがある。いま読み返すと，それぞれの講演の内容を早く情報伝達すべく慌ただしく翻訳したものがほとんどであり，そのためか，誤訳や不十分な訳となっている箇所が多々あった。そこで，今回1書に編集するにあたり，編訳者の責任で，全面的に旧訳を見直し，翻訳書の名にふさわしいものにすべく大幅に手を入れて改訳した。その結果，ようやくここに刊行に至った。したがって，本書の表現についての責任は，編訳者にある。なお，本書には収録していないが，30年以上の長きにわたり最も親交のあるドイツのアルビン・エーザー博士のドイツの終末期医療と刑法に関する論文や講演原稿については，別途，編訳書として刊行予定である。

　ここで，読者の便宜を図るため，本書のそれぞれの講演の背景および概略について述べておきたい。

第1部「英米法圏国家の状況」の第1章「アメリカ合衆国における自殺幇助と法の支配」（原題は Assisted Suicide and the Rule of Law in the US）は，1998年10月12日に広島大学法学部において同大学法学会主催で行われたアメリカ合衆国弁護士（元・広島大学教授，ニューヨーク州弁護士，ジョージタウン大学法律センター招聘教授）のカール・F・グッドマン（Carl F. Goodman）弁護士による講演原稿の翻訳である。医師による自殺幇助の問題は，現在，アメリカ合衆国のみならず，世界の多くの国で盛んに議論されている問題の1つである。本章は，オレゴン州の尊厳死法（Death With Dignity Act），すなわち，医師による自殺幇助を認めた法律（The Measure 16）が成立した前後の議論状況ないしアメリカ合衆国連邦最高裁判所の判例分析および社会的背景についてアメリカの法実務家自身が「法の支配」という観点からその様相を伝えるものとして興味深いものがある。講演会の討論では，当時の同僚であった西谷元教授に大変お世話になったことに謝意を表したい。ちなみに，グッドマン氏は，広島大学時代の私の同僚であり，その後アメリカに帰国してからも交流が続いているが，アメリカ合衆国連邦最高裁判所のアントニン・スカリア（Antonin Scalia）判事の親友でもあり，広島大学時代にスカリア判事が来学され，当時の法学部長であった辻秀典教授らと広島の地酒を飲みながら宴を共にしたことなど，思い出が多い。本講演は，アメリカ帰国後に来日された際のものである。早稲田大学にも数度来られたが，とにかく研究熱心で博学であり，日本法の研究の専門家でもあり，The Rule of Law in Japan: A Comparative Analysis. Kluwer Law International, 2003 ほかの著作がある。なお，本文中の各節のタイトルは，グッドマン氏の了解を得て，甲斐が付したものであり，訳文中の圏点は，原文では下線が付された部分である。元の訳稿は，法律時報71巻4号（1999年）に共訳を掲載したが，今回，私の手で全面的に改訳した。

　第2章「英国における終末期の意思決定」（原題は Making End of Life Decisions in the United Kingdom）は，グラスゴー大学医療の法と倫理研究所所長（Director of the Institute of Law and Ethics in Medicine, University of Glasgow, United Kingdom）のシーラ・マクリーン（Sheila A. M. McLean）教授（現・グラスゴー大学名誉教授）が，平成19年度医療安全・医療技術評価総合研究推進事業（外国人研究者招聘事業：（代表）林謙治・国立保健医療科学院次長：当時）の招聘で2008年2月に来日された際，2月25日に早稲田大学で講演された原稿を新谷一朗君（当時・早稲田大学大学院法学研究科博士課程，現・海上保安大学校准教授）と翻訳したものである。この講演会は，早稲田大学比較法研究所主催，平成19年度医療安全・医療技術評価総合研究推進事業（外国人研究者招聘事業）および早稲田大学「生命医療・法と倫理」研究所共催で開催された。多くの参加者を得て行われた講演を受けて，活発な質疑応答が行われた。国立保健医療科学院・政策科学部・計画科学室長（当時）の児玉知子氏には，一

緒に通訳をしていただいたことに深く謝意を表したい。本講演は，英国を代表する医事法の専門家の講演だけに，英国における終末期における意思決定をめぐる法的議論の状況が簡潔ながらもよく理解できる内容であった。とりわけ決定能力のない患者について，スコットランド法（決定無能力者である成人に関する〔スコットランド〕法2000年〔Adults with Incapacity (Scotland) Act 2000〕）やイングランドおよびウェールズ法（精神能力法2005年〔Mental Capacity Act 2005〕）において工夫が見られるのが参考になる。なお，訳文中，読者の便宜を図るため，項目に番号を付したほか，〔　〕部分で多少補足をした。また，本講演の関連著書として，Assisted Dying: Reflections on the need for law reform. Routledge, 2007 があり，そこで詳細な分析が加えられているので，併せて参照されたい。また，その後，2010年8月には，私自身，英国の終末期医療の調査に出かけ，オックスフォード大学医学部，法学部，および生命倫理研究所を訪ねたほか，グラスゴー大学法学部にマクリーン教授を訪ね，有意義な意見交換ができたことが思い出される。元の訳稿は，ジュリスト1360号（2008年）に掲載されたが，今回，共訳者の新谷君と共に必要な範囲で訳文を修正した。

第3章「自殺幇助に関するインフォーマルな法の変容——検索官のための指針——」（原題は Informal legal change on assisted suicide: the policy for prosecutors）は，ロンドン大学キングズ・カレッジ（King's College of London University）の「生命倫理と法」研究所のペニー・ルイス（Penney Lewis）教授が Legal Studies, 2010（pp.1-16, Blackwell Publishing）に公表した論文を門下生の福山好典君（当時・早稲田大学大学院法学研究科博士課程。現・姫路獨協大学法学部専任講師）および天田悠君（当時・早稲田大学大学院法学研究科修士課程。現・同博士課程）と翻訳したものである。ルイス教授は，東日本大震災直後の2011年4月3日に彼女本人の強い希望で来日され，同年4月27日には，早稲田大学まで私を訪問してくださった。多くの外国人が大震災直後の東京電力福島第一原子力発電所事故の影響を懸念して，日本，ましてや東京に来ることを控えていた時期に，「この時期だからこそ敢えて訪問したい。」というルイス教授の熱意に感動したものであった。当日は，早稲田大学「医事法の総合的研究」プロジェクト（代表：甲斐克則）主催（共催：科学研究費基盤（A）「理論的基盤と臨床実践とを統合する新しい医療倫理学の方法論についての研究」（代表：新潟大学医学部保健学科・宮坂道夫教授））の第1回早稲田大学医事法研究会において，「ヨーロッパにおける終末期の意思決定——特に英国を中心とした比較法的概観——」（End of life decision-making across Europe: a comparative legal overview with special attention to the United Kingdom）と題する講演を行った。この講演では，本章の内容が根底に据えられ，人工延命治療中止の問題も含めて比較法的観点から興味深い講演が行われ，熱心な質疑応答が行われた。イギリスでは，人工延命治療の差

控え・中止は，一定の要件の下でガイドラインにより認められているが（General Medical Council=GMC, Treatment and care towards the end of life: good practice in decision making, 2010; British Medical Association, Withholding and Withdrawing Life-prolonging Medical Treatment: Guidance for decision making, Third Edition, 2007 のほか，邦語文献として，甲斐克則「イギリスにおける人工延命措置の差控え・中止（尊厳死）論議」甲斐克則編『医事法講座第4巻 終末期医療と医事法』（信山社・2013年）147頁以下参照），積極的安楽死は違法であり，法的に禁止されている。しかし，医師による自殺幇助に関しては，一般的にはなお犯罪であるとはいえ，ダイアン・プリティー事件（詳細については，甲斐克則「終末期医療における病者の自己決定の意義と法的限界」飯田亘之・甲斐克則編『終末期医療と生命倫理』（太陽出版・2008年）25頁以下参照）以来，許容性を求める見解も根強い。特に公訴局長官が自殺幇助に関する検察官のためのガイドラインを出したことは，注目すべきであり，まずは，本章を読むことにより，イギリスの専門家によるその内容と分析を知ることは，意義があると思われる。上記講演会では，60名近くの参加者を得て質疑応答も盛り上がったが，早稲田大学総合社会科学学術院の横野恵准教授に実に明快な通訳をしていただいたことに謝意を表したい。

第4章「安楽死・自殺幇助と法──比較法的アプローチ──」（原題は Euthanasia, Assisted Suicide and the Law: A Comparative Approach）は，オーストラリアのクィーンズ大学法学部ジョージ・ムスラーキス（George Mousourakis）上級講師（講演当時，神戸大学大学院国際協力研究科に客員教授として在籍。現・ニュージーランド・オークランド大学法学部上級講師）が1999年2月22日に広島大学法学部において行った広島大学法学会主催による講演の原稿の翻訳である。本講演は，積極的安楽死をも法的に許容する姿勢の強いオランダとオーストラリアの議論状況を比較しつつ考察しようとするものであり，ムスラーキス氏の専門である比較法研究の一端を垣間見ることができる。講演当日は，学生の後期の講義はすべて終了していたため，主に同僚，近隣の研究者，および大学院生が出席した研究会方式となり，問題点について活発な質疑応答もなされた。内容的にも，この種の問題を考えるうえで重要な論点が含まれており，しかもあまり詳細が知られていないオーストラリアの議論と広く知られているオランダの議論を比較検討するという，これまでにない興味深い視点と思われる。ちなみに，同氏には，Criminal Responsibility and Partial Excuses. Dartmouth, 1998 や Perspectives on Comparative Law and Jurisprudence. Pearson Education New Zealand, 2006 といった比較法ないし比較刑法の研究書のほか，The Historical and Institutional Context of Roman Law. ASHGATE, 2003 および Fundamentals of Roman Private Law. Springer, 2012 といったローマ法に関する浩瀚な研究書もある。私はこれまで，彼の刑法に関する講演原稿や論文を多く翻訳してきたが，ここでは紙数の関係で割愛する。なお，本章の元の訳稿は，広島法学

23巻1号（1999年）に掲載されたが，今読み返すと不十分なところがあり，今回，私の手で全面的に改訳した。また，訳文中の傍点部分は，原文ではイタリック体である。ムスラーキス氏と私はいわば親友であり，その後何度も来日され，同氏は，自宅にも何度か来られ，早稲田大学でも何度か刑法や医事法の講演をされたし，私も2005年にはニュージーランドのオークランド大学法学部を訪問して彼の協力を得て同国の医療事故処理制度の調査をしたことがある（甲斐克則『医療事故と刑法』（成文堂・2012年）254頁以下参照）。今回，本書にこの訳稿を収めることができるのは，感概深いものがある。

第2部「大陸法圏国家の状況」の第5章「臨死介助の刑法上の問題性」（原題はDie strafrechtliche Problematik der Sterbehilfe）は，2000年5月12日に広島大学法学部において行われたドイツ連邦共和国のバイロイト大学法学部ハロー・オットー（Harro Otto）教授（現・バイロイト大学名誉教授）による講演の翻訳である。オットー教授は，関東学園大学法学部の大嶋一泰教授（当時）のお世話で来日され，関東学園大学と慶應義塾大学でも講演されたが，広島大学では広島大学法学会と瀬戸内刑事法研究会の共催で，同日午前中に学生向けにこの講演をしていただいたほか，同日午後にも研究者向けに「因果性と結果の帰属（Kausalität und Erfolgszurechnung）」という講演をしていただいた（後者の訳は，現代刑事法18号（2000年）70頁以下【甲斐克則訳】に掲載されている）。午前の部は，280名程度の聴講者があり，午後の部は50名程度の参加者があって，質疑応答も盛り上がった。オットー教授の主な業績としては，『義務衝突と違法性判断』（Pflichtenkollision und Rechtswidrigkeitsurteil. 初版1965年，第2版1974年，第3版1978年）のほか，刑法の体系書や経済刑法の著作が多くあるが，本書との関係では，ドイツを代表する見解の1つとして公表された『自死の権利か——生命維持義務と自己決定との緊張関係の中の刑法【第56回ドイツ法曹大会（1986年ベルリン）のための鑑定書D】』（Recht auf den eigenen Tod? Strafrecht im Spannungsverhältnis zwischen Lebenserhaltungspflicht und Selbstbestimmung; Gutachten D zum 56. Deutschen Juristentag Berlin 1986）を挙げておかなければならない。本講演において示されたオットー教授の臨死介助に関する見解の基礎は，この文献ですでに示されているし，私もドイツの議論をフォローする中でそれに言及しているので（甲斐克則『安楽死と刑法』（成文堂・2003年）65頁以下），詳細はそれらを参照されたい。本講演に際して質疑応答で的確な通訳をしていただいた当時の同僚の鈴木秀美助教授（現・慶應義塾大学教授）には，大変お世話になった。改めて謝意を表したい。なお，訳文中，傍点を付した部分は，原文ではイタリック体の部分である。

第6章「ドイツにおける臨死介助および自殺幇助の権利」は，ドイツのアウグ

スブルク大学法学部のヘニング・ローゼナウ（Henning Rosenau）教授（2015年10月からはハレ大学法学部教授）が早稲田大学高等研究所客員研究員として来日された際，2013年5月30日に早稲田大学で行った比較法研究所主催の講演会での講演原稿（原題は Recht der Sterbehilfe und der Suizidbeihilfe in Deutschland）を同教授の了解を得て福山好典君（前出）と訳出した原稿を一部修正したものである。ローゼナウ教授は，これまで何度も来日されており，多くの講演訳やシンポジウムに関する訳書も刊行されているので，ここで詳細な紹介は割愛する（例えば，同（甲斐克則・福山好典（訳））「同意無能力者に対する研究」（翻訳）比較法学43巻3号（2010年）187頁以下参照）。臨死介助に関するこの講演は，プッツ事件連邦通常裁判所判決等，近時のドイツにおける臨死介助をめぐる判例や議論を素描し，特に自殺幇助の部分で，現在，刑法草案の新217条として検討されている営業的な自殺促進（gewerbsmäßige Förderung der Selbsttötung）の構成要件の創設をめぐる議論について，ローゼナウ教授の独自の積極的見解がよく現れている。すなわち，ドイツでは自殺関与を処罰する規定はなく，医師が患者の自殺を幇助しても処罰されない。しかし，時として間接正犯理論を駆使したりして正犯として自殺介助者を処罰したこともある。また，近年，スイスにおける自殺ツーリズムの影響がドイツでも出ており，これに対抗すべく，上記草案が検討されているが，ローゼナウ教授がこのような刑事規制には明確に反対の立場を表明している点が注目される。講演当日の通訳は甲斐が担当したものの，質疑応答については，東洋大学法学部の武藤眞朗教授のご支援を賜ったことについて，この場をお借りして厚く御礼申し上げたい。

　第7章「フランス法における安楽死」は，2008年3月12日に早稲田大学・比較法研究所主催で開催されたパリ控訴院クリスティアン・ビック（Christian Byk）判事の講演（原題は L'EUTHANASIE EN DROIT FRANÇAIS）を同教授の了解を得て，奈良女子大学非常勤講師の柿本佳美さんが翻訳したものである。ビック判事は，フランスの生命倫理の分野でユネスコを中心に活躍されており，法・倫理・科学国際学会事務局長，比較法フランスセンター理事会委員（secrétaire général de l'Association internationale droit, éthique et science°, membre du conseil d'administration du centre français de droit comparé）でもある。また，日本に何度も来られる親日家でもある。上記講演では，哲学者で生命倫理の研究もされている柿本さん（前出）に通訳をお願いし，その後，講演原稿の邦訳が比較法学42巻2号（2009年）195頁に掲載された。柿本さんがビック判事と親しいこともあり，今回，その後の新たな状況を若干加味した原文を元に，訳を修正していただいた。そして，訳文を編訳者が本書全体との表現の整合性を図り，より読みやすいもの，法律上の表現をより正確なものとするため，柿本さんの了解を得て全面的に補正した。以上の点について，柿本

さんに謝意を表したい。私も，ビック判事とは日仏生命倫理ワークショップ等を通じて長年にわたり学術交流があるが（とりわけプロバンス大学，トゥールーズ大学，西南学院大学でのワークショップが印象深い。），特にフランスの終末期医療と法をめぐる問題では，ビック判事から多くの新たな情報をいつも日本に届けていただいており，本章も，それにふさわしい内容になっている。本章により，フランスの安楽死・緩和ケア論議および人工延命措置の差控え・中止をめぐる論議・法制度の概要，ならびに，同じ大陸法におけるドイツ法との異同が理解できるであろう。

第3部「ベネルクス3国の状況」の3つの章は，2012年3月27日に京都大学文学部で，翌3月28日には早稲田大学小野梓記念講堂で比較法研究所の主催（日本生命倫理学会後援）で，それぞれシンポジウムを開催した際の報告原稿を翻訳したものである。オランダ，ベルギーおよびルクセンブルクは，社会的・経済的側面を中心にベネルクス3国として様々な共通点を有するほか，安楽死法を有するという点でも共通点を有するが，それぞれの安楽死法は，内容において微妙に異なる部分もある。それぞれの異同はどこにあるのであろうか。このような問題意識から，「オランダ・ベルギー・ルクセンブルクの安楽死の比較的研究」というテーマで盛永審一郎・富山大学教授（当時・富山大学大学院医学薬学研究部：現・富山大学名誉教授）を代表に，飯田亘之・千葉大学名誉教授らとファイザー・ヘルスリサーチの国際共同研究資金を得て，ベネルクス3国の安楽死法の比較調査・研究を2段階で行った。第1段階は，オランダ・ロッテルダムにあるエラスムス大学メディカルセンターのアグネス・ヴァン・デル・ハイデ（Agnes van der Heide）准教授（現・同教授），ベルギー・ブリュッセル大学医学部のリュック・デリエンス（Luc Deliens）教授，およびルクセンブルク・ルクセンブルク大学法学部のシュテファン・ブラウム（Stefan Braum）教授をお招きして，上記シンポジウムを開催した。積極的安楽死を正面から認めて実施している国々の専門家による報告だけに，いずれの会場でも白熱した質疑応答がなされたことを思い出す。第2段階として，2012年8月18日から24日にかけて，より詳細な最新情報を得るべく盛永教授と共にベルギーおよびオランダに現地調査に出かけ，8月20日にブリュッセル大学医学部のデリエンス教授を訪ね，翌21日にロッテルダムのエラスムス大学メディカルセンターのハイデ准教授を訪問し，その後の状況も尋ねた（私自身は後者へは2度目の訪問であった）。その後数日間は両名で分かれてそれぞれ調査を実施した。詳細については，甲斐克則「ベネルクス3国の安楽死法の比較検討」比較法学46巻3号（2013年）85頁以下，および盛永審一郎「ベネルクス三国の安楽死法の比較研究(1)(2)」理想691号（2013年）160頁以下，692号（2014年）2頁以下をそれぞれ参照していただければ幸いである。なお，上記シンポジウムでは，代表の盛

永教授に加え,通訳として東京大学大学院医学研究科の児玉聡准教授(現・京都大学大学院文学研究科准教授)のお世話になったほか,芝浦工業大学の本田まり准教授に様々なご支援をいただいたことに対し,この場をお借りして謝意を表したい。

第 8 章「オランダとベルギーにおける安楽死と医師による自殺幇助」は,上記シンポジウムでハイデ准教授が講演された原稿(原題は Euthanasia and physician-assisted suicide in the Netherlands and Belgium)をハイデ准教授の了解を得て福山好典君(前出)と訳出し,比較法学 47 巻 2 号 (2013 年) 173 頁以下に掲載したものを,今回一部修正したものである。ハイデ准教授は,オランダの終末期医療を長年にわたり病理学者として調査されてきた方であり,2 度目の来日だけに,丁寧に分析された内容が分かりやすいものになっている。オランダでは,5 年に 1 度,安楽死の実態調査が行われており,2010 年に第 5 次の評価報告が行われた。ハイデ准教授の講演は,ベルギーと比較しつつもそれの報告書に基づいているが,諸外国から批判を受けた「滑りやすい坂道(slippery slope)」の懸念は事実に合致していないという認識が強い。2010 年の第 5 次評価の詳細な結果はしばらく公表されていなかったが,ようやく 2012 年夏にその評価結果が公表された(See Regionale toetsingscommissies euthanasia, Jaarverslag 2010; Bregje D Onwuteaka-Philipsen, Arianne Brinkman-Stoppelenburg, Corine Penning, Gwen J. F. de Jong-Krul, Johannes J. M. van Delden, Agnes van der Heide, Trends in end-of-life practices before and after the enactment of the euthanasia law in the Netherlands from 1990 to 2010: a repeated cross-sectional survey, New England Journal of Medicine, July 11, 2012, pp.1-8)。それによれば,任意的安楽死の数は,全死亡数の 2.9% になった。安楽死を希望する患者の 8 割は,がん患者であるということである。ちなみに,2001 年にはその割合は 2.6%,2005 年には 1.7% であった。したがって,2001 年当時に近づいたことになる。安楽死を要請する患者の割合は,2005 年には全患者死亡数の 4.8% だったのが,2010 年には 6.7% になっている。医師たちが安楽死を容認する割合も,2005 年には 37% だったのが,2010 年には 45% になっている。オランダでは,安楽死法の定着により,緩和的鎮静との選択が明確に可能となり,医師・患者関係が強くなったとして,この結果を好意的に受け止めている。ハイデ准教授に対する現地でのヒアリングでは,医師が安楽死法とその運用手続に慣れたために頻度(frequency)が高くなったのが一因かもしれないという回答が返ってきた。しかし,私がアムステルダムで安楽死を実践している一般医(general practitioner=GP)のルーベン・ヴァン・ケヴォルデン(Ruben S. van Coevorden)医師に質問したところ,この問題に「慣れ」ということはなく,医師は,毎回,医師としての生命維持義務と患者の自己決定権尊重義務との義務衝突に陥っており,緩和的鎮静も含めて,慎重な対応をしているという(甲斐・前掲論文 107 頁参照)。オランダの安楽死をめぐる状況は,議論がオープンなだけに,外国からもその情報

を入手しやすいが，やはり正確な情報は，現地に行って調査しなければ分からない。今後も，その動向を注意深く見守りたい。

　第9章「安楽死——ヨーロッパおよびベルギーにおけるスタンスと実務——」は，上記シンポジウムにおけるデリエンス教授の講演原稿を福山好典君・天田悠君（前出）と翻訳したものを比較法学47巻1号（2013年）153頁以下に掲載し，今回，読者が読みやすくなるよう，図表も分かりやすいものにし，本文も修正を加えた。デリエンス教授の講演原稿は，社会学者らしく多くの図表を使っており，それをすべて掲載することができないため，略したものもある点を了解願いたい。しかし，取り上げた図表からでも，ヨーロッパおよびベルギーにおける安楽死の実態ならびに社会的背景がよく分かる。それにしても，ベルギーでは2014年に子どもの安楽死まで認めるなど，オランダ以上に安楽死の幅が広がりつつあり，今後もベルギーの動向から目が離せない。なお，盛永教授と2012年8月の暑い日にブリュッセル大学医学部のデリエンス教授の研究室を訪問した際，私共の質問に若手の研究者と一緒に丁寧に回答していただき，数冊の著書をいただいて帰る途中，列車を乗り間違えたことなどが懐かしく思い出される。

　第10章「ルクセンブルクにおける臨死介助——新法の成立過程，解釈および実務——」は，上記シンポジウムでのブラウム教授の講演原稿（原題はSterbehilfe in Luxemburg:Genese, Dogmatik und Praxis des neuen Gesetzes）を天田悠君（前出）と訳出して比較法学46巻3号（2013年）189頁以下に掲載した原稿を修正したものである。ルクセンブルクは，ベネルクス3国の中でも最後に安楽死法が制定されただけに，あまり内容が知られていないので，その制定経緯も含め，参考になる。また，ブラウム教授は刑法学者であることから，編訳者にはその分析手法は馴染みやすいものがある。いずれにせよ，以上のベネルクス3国の安楽死法を比較検討してみると，相互に影響を受けつつも，独自の路線を歩みつつあるようにも思われる。今後の運用動向を注視したい。

　以上の構成の本書を読み返してみると，海外の安楽死・自殺幇助論議の最近約20年間の動向が概ね理解できる内容となっているのではないかと思う。そして，それぞれの講演者との長年の学術交流の成果がこういう形で1書にまとまることの学術的意義を改めて実感すると同時に，本書が多くの人々に読まれることを期待する次第である。最後に，本書の刊行に際しては，慶應義塾大学出版会第一出版部の岡田智武氏の並々ならぬ熱意と巧みなご支援があったことに対して深く感謝申し上げたい。

　　　　　　　　　　2015年9月　虫の音が聞こえ始めた夜に　　　甲斐克則

事項索引

あ行

アゼルバイジャン　140
アドバンス・ディレクティブ　19
アドバンス・デシジョン　19
アメリカ医師会　13
アメリカ合衆国　33, 45, 47, 50, 133, 152
　——憲法　4
　——連邦最高裁判所　3
アルクマール事件　58
　——判決　59
アルツハイマー病　138
アルメニア　140
アンケート調査票　140
アンペール事件　114
安楽死　11, 19, 22, 24, 32, 38, 41, 48-53, 55-58, 61, 62, 66, 104, 111, 112, 114, 115, 117, 118, 124, 125, 127, 128, 130-133, 135, 137-139, 143-145, 147-153, 155, 157-162
　——の権利　104
　——の合法化　124, 133, 136
　——（の）実施数　128, 151
　——の実施に対するオランダ医師の前向きな姿勢　129
　——のタブー　88
　——の適格性　149
　——の適法性　164
　——の届出率　148
　——の非犯罪化　138
　——の要請　143, 144, 161-164
　——の要請数　128
　——の利用率　129
　——への権利　110
　——へのスタンス　137, 139
　——容認度　139-141
安楽死および自殺幇助に関する法律　155
安楽死クリニック　136
安楽死行為　159, 160, 164
安楽死合法化　145, 146
安楽死事件　105
安楽死事例　137
　——の届出例　146
安楽死地域審査委員会　144
安楽死手続　128
安楽死登録簿　145
安楽死法　64, 123, 125, 135-137, 143, 155, 158-160, 163, 164
安楽死薬　33
安楽死立法　67
医学的決定　163
医学的症状　143
医学的知識　100
生きる義務　96
生きる権利　3, 116, 119, 158
イグジット　94
意見募集　30-33, 35-37, 44
医師　97, 98, 106, 107, 110, 112, 119, 125, 126, 135, 143, 145, 148, 150, 151, 158, 161
　——と患者の識別情報　126
　——による自殺幇助　4, 5, 10, 13, 14, 57, 66, 124, 135, 143, 149, 151-153
　——による生命終結　127, 144
　——による引受け責任　107
　——の介入　107
　——の義務　104, 116
　——の職業上の義務　113
　——の職業倫理規範　104, 106, 107
　——の人道上の義務　104
　——の幇助　146
　——の役割　104, 129
　——のリスク　109
　——の良心の自由　144
医師会　156
医師 - 患者関係　106, 111, 124, 131
意識障害　72
意識（の）喪失　76, 77, 87, 161
意識喪失者の意思　74
意思決定　18, 27, 30, 32, 45, 47, 143
　——プロセス　143
医師職業倫理法典　104, 106, 107, 113
意思表示能力　78
医事法的合意　60
イスラム教　139, 140
イタリア　141
一般医　131, 136
一般開業医　146
医的基準　78
医的予後の見込み　73
意図された殺人　82
意図された生命短縮　82
意図的に死を惹起する者　84
医の倫理　59
違反行為　114
違法性阻却事由　113
医療慣行　125, 137, 138, 143-145, 148, 151
医療技術　104, 138
医療義務法典　108
医療記録　110
医療行為　91, 159
医療上の意思決定　54, 124
医療上の意思決定手続　144
医療上の援助　128
医療上の管理　153
医療職者　124, 125, 138
医療専門家　109
医療提供者　138

医療の援助　104
医療倫理　100
イングランド　18, 19, 21, 22, 25, 32, 48
インフォーマルな法の変容　28, 48
インフォームド・コンセント　6, 7, 10, 108
ヴァッコ（クゥイル）事件　4, 5, 8, 14, 15
ヴァンサン・ランベール　119
ウェールズ　18, 19, 21, 22, 25, 32, 48
ウクライナ　141
うつ病　59, 64
営業性の概念　97
営業的行為　97, 98
営業的な自殺促進　94
英国（イギリス）　43, 45, 50, 138, 141
エイズ　160
永続的植物状態　20, 21
栄養（・水分）補給　20, 21, 54, 89, 90, 109
　　——の中止　77, 90
栄養補給チューブ　9, 86
エストニア　141
塩化カリウム　105
延命　93
延命義務　76
延命措置　72, 75-77, 85, 89
延命治療　138
　　——の差控えもしくは中止　124
　　——の断念　129
　　——の中止　72
　　——の放棄　72
延命的侵襲の権利　75
欧州人権条約　157, 158
王立オランダ医師会　124, 128, 135
オーストラリア　47, 50, 55, 62, 65-67, 82
穏やかな死　103
オピオイド　36, 135
オメガ90協会　156
オランダ　23, 32, 34-38, 41, 45-48, 50, 56, 60, 61, 65, 116, 123-127, 131-133, 137-139, 141-145, 152
　　——における安楽死　124
　　——における安楽死合法化のプロセス　127
オランダ安楽死協会　136
オランダ王立医師会　57, 58
オランダ刑法（典）　55, 56, 58
オランダ語圏委員会　145
オランダ最高裁判所　56, 57, 59
オランダ精神医学会倫理委員会　60
オランダ法　55, 57, 61, 123, 143
オランダ法学　36
オランダ・モデル　61
オレゴン州　14, 15, 32, 33, 47, 50, 101
オレゴン州尊厳死法　34, 41, 42

か行

カール5世の刑事裁判令　95
介護専門職　149
介入的な医療の限界　105
回復の見込み　161
確実な生命短縮　84

過失　75
過失致死罪　100
価値観　140
価値衝突　94
活動の自由　74
家庭医　89
仮定的意思　73, 74
カトリック　139
カナダ　45
可罰性のリスク　98
癌　130, 132, 138, 146, 148, 150, 151, 165
看護師　105, 150, 161
看護処置　86
患者
　　——による要請　149
　　——の意思　77, 78, 90, 91, 124, 161
　　——の救命　107
　　——の苦痛（苦しみ）　112, 114, 126, 143
　　——の健康　108
　　——の権利　55, 106, 116, 155, 156
　　——の最善の利益　150
　　——の死期　149
　　——の実存的決定　73
　　——の承諾　72, 75, 92
　　——の情報　116
　　——の自律　60, 63, 72, 73, 77, 92
　　——の生命　114
　　——の選択　153
　　——の明示的な要請　149-151
患者遺言　73, 74
患者の権利に関する2002年5月4日法　106
患者の事前指示に関する法律規定　156
患者の事前指示法　97
患者の措置と看護処置に関する1998年8月28日法　156
間接正犯　100
間接的臨死介助　80, 81, 83-85, 88, 93
癌罹患率　133
緩和医療　86, 156, 157, 162, 163, 165
緩和医療法　158
緩和ケア　37, 64, 104-106, 109, 111, 116, 147, 158
　　——の基準　164
　　——の実践　106
　　——へのアクセスの権利　105
緩和ケア医　114
緩和ケア，患者の事前指示および死の看取りに関する法律　155
緩和ケアサービス　105
緩和ケア施設　66
緩和ケア専門医　146
緩和ケア専門家　126
緩和ケアチーム　147
緩和ケア手続　148
緩和ケアに関する法律　162, 163
緩和ケアユニット　105
緩和措置　30
緩和治療　13
緩和的鎮静　124, 152
貴族院特別委員会　38

キプロス	141	決定能力	21, 22, 24, 36, 57
基本介護	77	決定無能力者	17-20
基本的権利	77	決定無能力者である成人に関する（スコットランド）	
基本法	73, 77, 94, 96, 97	法 2000 年	17
義務の衝突	59	健康上の不均衡	153
救助義務	87	検察官	61, 87, 126, 134
救助的因果経過	91	検察官ガイドライン	48
救命治療	6	検察官指針	46
教会法	95	検察官のための暫定指針	25, 27
狭義の消極的臨死介助	76	検察庁	144
共同正犯	89	検死官	59-61
共同正犯者	91	原疾患	76
共犯	87	現実の意思	74, 78, 79
——の従属性	96	憲法	73, 94-98
拒食症	60	——の危機	157
拒絶する医師の割合	132	権利の濫用	65
ギリシャ	141, 142	故意	75, 100, 149
ギリシャ正教	139, 140	故意殺人罪	75
キリスト教神学	95	行為支配	87
ギルダーデール事件	41	行為者の人格	114
緊急の事態	107	行為者の動機	113
緊急避難	41, 45-48, 55-60, 93	行為能力	162
筋弛緩剤	135	広義の消極的臨死介助	76
近親相姦決定	100	公式の訓練システム	127
クーリングオフ期間	64	公衆衛生監督官	57
苦痛および症状の緩和	150	公衆衛生サービス	105
苦痛回避	93	公衆衛生法典	105, 106, 109
苦痛緩和	84, 149	構成要件	92, 95
苦痛緩和義務	41	公訴局	27, 31, 35, 36, 47
苦痛緩和措置	80	公訴局長官（DPP）	23, 25-29, 32, 33, 41, 47, 48
苦痛緩和治療	13, 80	公的サービス	105
苦痛除去義務	45	行動の自由	77
苦痛除去薬	66	高齢（患）者	136, 146, 151, 153, 154
苦痛の軽減	105, 106, 115, 116	国際比較調査	139
クラウス	139	国民健康保険	61
グラックスバーグ事件判決	9	故殺	159, 160
クルーザン事件	7	故殺罪	100
——判決	5, 7, 9	故殺幇助	159
グルジア	140, 141	故殺未遂	89
ケア	108, 109	個人主義	136
——のアプローチ	111	個人の自己決定	155
——の拒否	108	個人の自由	114, 142
ケア専門職者	136	個人の自律	53, 61, 96, 101, 117, 118
ケア提供者	133	コソボ	141
ケア・ホーム	40, 146, 147, 150	国家の介入	118
経験的利益	52	国家の干渉	117
刑事責任	63	国家の義務	158
継続的な集中医療を拒否する医師	162	国家倫理諮問委員会	115, 119
継続的に高い効果の得られる鎮静	149	コモン・ロー	6, 9, 46, 54, 56
刑法（ドイツ）	92-95, 100, 160	——の法域	54
刑法（フランス）	103, 111-114, 118	顧問医	144, 146
刑法上のあらゆる責任を免じる特権	107	昏睡（状態）	66, 85, 88, 119, 129
刑法草案	94, 97	コンセイユ・デタ	107-109, 119
刑法的な性質	117	コンパッション・イン・ダイイング事件	8
刑法の規範	100		
刑法の限界	97, 100	**さ行**	
啓蒙哲学	103		
ケヴォーキアン医師	12, 13	最後の手段	148
血液汚染事件	113	最終指針	28, 29, 31, 35-37, 40, 41, 43, 44, 46-48

最終手段　92, 100
最善の利益　18, 53
最大限のケア　143
在宅ケア　131
在宅死亡者　150
在宅臨死介助　165
最適な末期ケア　154
裁判官による法創造　55
作為　86
　――と不作為の区別　54, 55
　――による不作為　78, 86, 88, 90, 91
殺人　59, 80, 81, 112
殺人罪　56, 72, 80
サン・アスティエ事件　114
暫定指針　27, 29, 30, 34, 35, 37-41, 47
ジェイムズ事件　26, 34
死期の切迫性　73
自己決定権　72, 77, 78, 92, 94, 97, 141, 142
死後審査手続　143
自己答責的な意思　77
自殺　41, 44, 47, 59, 87, 95-98, 100, 103, 138
　――の決意　98
　――の看取り　98, 99
自殺意思　100
自殺願望　101
自殺関与　96
自殺関与者　87
自殺権　97
自殺促進　96
自殺ツーリズム　28
自殺幇助　3-5, 9-13, 15, 22, 24, 25, 27, 29, 30, 32, 33, 36-39, 41, 43-49, 51, 55, 57, 60, 63, 66, 83, 87, 92, 94, 96-98, 100, 101, 114, 115, 117-119, 125, 128, 129, 131, 138, 150, 158-160
　――の権利　9, 11
　――への権利　110
自殺幇助法　15
自殺未遂　41, 95, 96
私生活および家族生活上の権利　23
自然権　95
事前指示　85, 90, 110, 119, 156, 161-165
事前指示書　136, 163
事前の口頭または文書による意思表示　73
持続的植物状態　54
疾患の重さ　73
執行猶予付きの短期の刑　124
実存的決定　77
執拗な治療（医療）　104, 106, 108, 111
　――を拒否する（患者の）権利　107, 108
私的自治　75
私的生活の尊重に関する権利　117
死にゆく過程　76, 82, 153
　――の引延ばし　79
死にゆく患者　80, 84, 136
死にゆくこと　137
　――への援助（介助）　22-24, 85, 89
死にゆくに際しての介助　72, 85
死にゆく人への尊厳　109
死ぬ権利　3, 53, 116, 156

死の医療化　103
死の援助　22
死の惹起　81
死の看取りに関する連邦医師会の原則　86
死の看取り法代案　97
自発的拒否　113
慈悲に基づいた殺人　82
死亡原因　76
死亡診断書　149
司法のフォーマルな決定　48
死亡の類別　154
死亡率　154
市民的および政治的権利に関する国際規約　158
社会政策的環境　61
社会政策的要素　61
社会秩序の保護　103
社会的弱者グループ　137, 151, 154
社会的統制　125
社会的要素　152
社会の高齢化　136
弱者のカテゴリー　118
若年患者　146, 148, 151, 152
シャボット医師　59
ジャミソン　41
州医師会　100
宗教上の価値の義務づけ　155
宗教的・社会人口統計学的な因子　140
宗教的信条　73
宗教の支配　103
自由刑　95
自由思想　101
終身刑　112
修正指針　27
重大な利益　52
集中医療（治療）　85, 156, 162, 164
自由答責性　99
自由答責的自殺　87
自由答責的な自殺意思　97
重篤かつ治癒不可能な疾患　116
重篤な不治の疾患　160-164
重度の障害を持つ新生児　132
重度の糖尿病　160
自由の保障　96
自由剥奪　97
自由剥奪刑　113
十分な教育を受けなかった者　153, 154
終末期　124
　――の意向書　163
　――の意思決定　17, 21, 98, 127, 129, 138, 148, 149
　――の医療慣行　148
　――の医療決定　152
　――の医療上の決定　154
　――のケア　136
　――の質　136
主治医　90, 144, 149, 160, 164
シュレンドルフ事件判決　6
傷害罪　92
状況証拠　78

消極的安楽死	51	精神疾患	30, 65, 132
消極的臨死介助	71, 72, 75, 83, 85, 88-90, 92, 159	精神障害	41
症状の緩和	152	精神的苦痛	34
承諾	93, 94	精神能力	30, 60
――の制度	73	精神病疾患の患者	60
承諾制限	94	正当化する緊急避難	94
承諾能力	78	正犯	87
ショークロス卿	27	正犯行為	96
職業上の義務	114	生命維持	75
職業上の懲戒処分	63	生命維持義務	41, 45, 76, 79
嘱託	92	生命維持処置	24
嘱託殺人	92, 160	生命維持処理	22
植物状態	5	生命維持装置	9, 10, 21, 77, 90, 156
助言	127	生命維持措置	86
女性	153, 154	生命維持治療	10, 72
処罰規定	97	――の拒否	8
所有権返還要求	104	生命(の)終結	51, 53, 55, 60, 64, 127, 129, 145, 147, 149-151, 153
自律	75	――行為	128, 159
――の表出	78	――に関する医療慣行	151
死を選択する権利	23	――の決定	151
侵害法益	94	生命侵害	93
人格の尊厳の侵害	76	生命短縮	75, 80, 148
人格の尊厳の尊重	76	――の具体的危険性(リスク)	80, 81
信教の自由	23	――を伴わない臨死介助	72
人工栄養補給	75-77, 89, 90	生命短縮効果	154
人工呼吸	76, 89, 90	生命に対する権利	23
人工呼吸器	22, 54, 85, 86, 109	生命の神聖さ	51, 52, 54, 66, 117
人工心肺装置	86	生命の尊重	103
進行段階	162, 163	生命の保護	79, 155
人工妊娠中絶	3, 8, 14, 56, 61	生命法益	94
審査委員会	135, 144, 145	生命倫理に関する連邦諮問委員会	143
心疾患	151	生命を終結させる薬剤	150, 151
侵襲	74, 75	生命を短縮する苦痛緩和	81
侵襲的介入	108	責任追及	116
侵襲の必然性	73	積極的・任意的安楽死	57
人身の自由	97	積極的作為	77, 78, 86, 88, 91, 92
信心深さ	139, 141	積極的任意的安楽死	51, 63
新生児	129	積極的任意的安楽死協会	62
身体(的)疾患	30, 58, 132	積極的臨死介助	71, 72, 78, 80, 83-88, 155, 156, 159
身体的・精神的苦痛	159, 161	絶望的な医学的症状	159, 160, 162, 163
身体の侵襲	74, 75	セビール	138
身体の統合性	72, 74, 77, 107, 158	世話裁判所	90
身体の不可侵性	77, 94, 108	世話人	74, 89-91
腎不全	160	世話の指示	73
スイス	23, 29, 33, 37, 39, 46, 94, 116	世話法	90, 92, 93
スイス刑法	42, 116	遷延性植物状態	20
推定的意思(推定される意思)	73, 78, 93	善行ないし慈悲の原理	60
推定的仮定的同意	79	全国審査委員会	144
推定的承諾(推定される承諾)	73-75, 90, 94	潜在的な自殺者	98
水分補給	54	専門職団体	125, 127
スウェーデン	141, 142	総則刑法解釈論	96
スコットランド	17, 19-24	相談医	127
スペイン	138, 141	相談要件	135
滑りやすい坂道	51, 60, 61, 148, 153	相当の医学的注意および配慮	127
スロバキア共和国	141	相当の注意	126, 143, 144, 148
生活の質	12, 109, 114, 117, 118, 138, 153	相当の注意基準	125-127
性急な意思決定	98	組織的臨死介助	95
青酸カリ	87	訴追	135
精神科医	59, 64		

——に不利な要素	27, 28, 41	ドイツ	83, 84, 87, 95, 96, 100, 101, 141
——に有利な要素	27, 30-32, 34, 41	——における臨死介助	83
そっとしておかれる権利	8	——の自殺件数の推移	98
尊厳（の）ある死	94, 136	——の自殺者数	99
尊厳ある自殺	100	ドイツ医師模範職業規則	100
尊厳ある生	109	ドイツ第3帝国	88
尊厳死への権利のための協会	156	同意	115
		ドゥオーキン	52, 53

た行

第1段階の直接的故意	84	等価説	81
大規模国際アンケート調査プログラム	140	同情に基づく臨死介助	46
大審裁判所検事正	116	疼痛緩和	84
大審裁判所検事正事件	114	道徳観	100
第2段階の直接的故意	84	毒殺	114
担当医	58	——としての安楽死	112
地域審査委員会	32, 37, 126	独身患者	153
チェコ共和国	141	匿名（性）	126, 164
致死的薬剤	149	毒薬の注射	86
致死薬	87	届出	125
致死量の薬剤	138	届出件数	135
致死量の薬物注射	114	届出書	144
致命的な疾患	91	届出手続	125, 135, 144
抽象的危険	98, 99	届出率	135
チューブ	89, 90	トルコ	139, 141
懲役刑	112		
直接的臨死介助	84	## な行	
治療		ナーシング・ホーム	40
——（の）拒否	6, 107, 109, 110	ナチス政権	50
——に関する特権	107	汝殺すことなかれ	104
——の開始・継続	92	ニーチェ	67
——の継続	163	肉体的・精神的苦痛	156
——の差控え	153	肉体的苦痛	34, 36, 59
——の選択肢	65	二重の結果	13, 66
——の代替手段	107	二重の結果理論	54, 55
——を拒否する患者の権利	113	ニューバーガー卿	26, 28
治療委任	80-82	ニューヨーク州	13
治療行為	104	任意的安楽死	11, 60
——の差控えまたは中止	149, 154	人間の生命と尊厳	103
治療中止	75, 77-79, 86, 88-91, 93, 97, 113	人間の尊厳	73, 79, 81, 82, 94, 117, 118, 156
治療中止義務	75	認知患者	135
治療不開始決定	149, 150, 152	認知症	136
鎮痛	80-82	認定医	148
鎮痛剤	84	ヌヴィルス報告	105
鎮痛措置	81	嚢腫結合組織炎	60
鎮痛または苦痛緩和の措置	72	脳出血	89, 90
鎮痛療法	163	ノーザン・テリトリー	47, 50, 55, 62, 63
付添医	34, 35	ノーザン・テリトリー自治法	65
ディグニタス	29, 94, 99		
——の看取りによる自殺件数の推移	99	## は行	
適切な医療水準	65	バーク事件	19
手続規定	160	パーディ事件	25, 28, 33, 34, 48
——の遵守	164	——判決	46
手続状況の記録	164	ハーバー事件判決	7
手続措置	161	パーラム事件判決	7
手続的基準	126, 127	バイオ・エシックス	60
手続による正統化の原理	160	陪審員	12
デュフォ事件	105	陪審裁判	12
デンマーク	139, 141, 156	破毀院	108, 112, 113

パターナリスティックな関係	107
罰金	95
話し合い	150
パリ行政控訴院	108
バルビツール塩酸	135
半昏睡状態	88
判断能力	72
被害者の同意	111, 113
人を殺すこと	81
非肉体的苦痛	36
非任意的安楽死（不任意的安楽死）	51, 60, 65
非犯罪化	157-159, 162
病院勤務医	146
病院施設	106
病院法	105
病者の意思	108, 109
比例性（原則）	97, 99
貧困者	154
瀕死（の患者）	77, 82, 124
フィランソロピー	139
フォーマルな法の変容	48
不可逆的	76, 77
——な医学症状	161
——な意識喪失	79, 162
——な昏睡	132
不可抗力	56
不可避的な生命短縮	84
副作用	80, 116
副次的結果	111
副次的効果	84
不合理な執拗さ	109, 110
不作為	77, 78, 86, 88, 91
——による過失致死罪	75
——による殺人	86
不治の疾患	140, 156, 161, 162
ブッツ事件判決	97, 88, 101
ブッツ弁護士	89, 90
ブラウン卿	26, 28
プラグマティズム	61
フラマン語圏	148
フランス	111, 138, 139, 141, 145, 160, 162
——における緩和ケア	104
——の保護衛生システム	105
フランス語圏委員会	145
フランス国家生命倫理諮問委員会	45
フランス法	103, 104, 111, 114, 119
——における安楽死	103, 115
フランダース	148, 149
ブランド事件	20, 21
プリティ事件	116
——判決	116, 118
フルダ・ラント裁判所	89, 91
プレッシャー	98, 126, 133
プロテスタント	139
平均寿命	73
平均余命	138, 161
ヘイル卿	28, 34, 35
ペイン・コントロール技術	58
ベネフィット	15
ベラルーシ	141
ベルギー	23, 32, 34, 35, 37, 38, 41, 47, 116, 123-127, 132, 133, 135, 137, 139, 141-145, 147, 148, 151, 152, 157, 158
ベルギー安楽死法	151
ベルギー議会	138
ベルギー法	38, 123
ヘルスケア	17
ヘルスケア・サービス	153
ヘルスケア・システム	66
ヘルスケア施設	131
法益衝突	93
法益保持者	94
法官貴族院議員	26
謀殺	124
謀殺罪	56
法実務	113
法秩序の統一性	92
法廷命令	109
法的不安定性	163
法の支配	3
法の性質決定	111-113
法の適用の例外	118
法の変容	45-47, 151
法の変容プロセス	48
法務総裁	21, 27
法律家	126
ホープ卿	25, 26, 28
保護法益	74, 97, 158
補助医	147
保証人	87
保証人的義務	86, 91
補助的な診察	148
ポストマ医師	57
ポストマ事件	57, 124
ホスピス	101
保全法益	94
ポルトガル	141
本人に固有の死	76
本人の要請	158

ま行

末期	
——症状	58
——でない患者	148
——の疾患	30, 33, 34, 36, 37, 63, 66
——（の疾患）患者	9-11, 14, 38, 64, 66, 67, 119, 145, 148
——（の）段階	59, 116, 162, 163, 165
——病者	138
末期の疾患患者のための死にゆくことへの援助法案	23
末期病患者の権利	63
末期病者権利法	65, 67
マルタ	139, 141
マレヴル事件	105, 114
慢性疾患	160
慢性的な衰弱性症状	138

ミシガン州　12, 13
ミズ B　22
ミズーリ州　8
未成年者　143
未必の故意　84
民事責任　63
民法　85, 90, 92, 108
無能力患者　132
明示的かつ真摯な嘱託　84
明示的（な）承諾　73, 92
明示的な要請　124, 138
　——を得ずに行われた生命終結　152
明白かつ説得力ある証拠　5, 8
メキシコ　33
メディカル・ケア　49
モルダビア　140
モルヒネ　57, 105

や行

薬剤の服用　99
薬物増強措置　124
薬物増量による症状緩和　129
優越利益の原則　74
有効な意思　90
輸血　74, 76
ゆるしの秘跡　95
良い死　103
ヨーロッパ　137-141
ヨーロッパ価値観調査　139, 140
ヨーロッパ人権裁判所　23, 111, 114, 116, 118, 119
ヨーロッパ人権条約　20, 21, 23
ヨーロッパ世論　139
良き医療慣行　55
予後　79
予後不良　76
ヨハネ・パウロ 2 世　51
予備草案　160
予謀　112
より小さい害悪原理　56
弱い患者グループ　133

ら・わ行

リーガル・モデル　55
リー事件判決　14, 15
利益衡量　75
利益保持者　93
理解能力　72
罹患率　154
リスク　73, 115
理性的な患者　74
立法者の介入　108
立法者の裁量　158
良心の自由　155
臨死介助　33, 41-43, 45, 71, 82, 83, 86, 88, 91-93, 101, 132, 136, 155, 157, 158, 164
　——数　98
　——の非犯罪化　156
　——の法改正　155
臨死介助実務の管理と評価に関する国家委員会　161, 162
臨死介助組織　94, 98, 99, 101
　——による看取り　101
　——の犯罪化　100
臨死介助法案　38
臨床実務　123
臨床専門医　146
臨床的うつ病　60
倫理委員会　156
倫理学者　126
ルーマニア　139
ルクセンブルク　34, 116, 123, 138, 155-159
　——における臨死介助　155
ルクセンブルク刑法典　160
ルクセンブルク法　123
例外的状況　115
レーンキスト　3
レスピレーターの打切り　77
レメリンク委員会　127
連帯の義務と安楽死という例外　115
連邦憲法裁判所　73, 97, 100
連邦政府草案　95, 100
連邦通常裁判所　83, 87-89, 91-94
ロウ事件判決　5
老人医療サービス施設　105
老人ホーム　89
ロクシン　88
ロシア連邦　141
ロッテルダム地方裁判所　57
ワシントン（グラックスバーグ）事件　4, 14, 15
　——判決　5
ワシントン州　14, 15, 32, 33, 47
ワシントン州尊厳死法　34, 41, 42

数字

1961 年自殺法　23, 26
1983 年ノーザン・テリトリー刑法　63
1995 年末期病者権利法　62, 63, 65
1997 年安楽死に関する法律　62, 65
1998 年人権法　21
2001 年要求に基づく生命終結および自殺幇助（審査手続）法　42
2001 年 4 月 12 日法（オランダ）　116
2002 年の安楽死法　145
2002 年 5 月 28 日法（ベルギー）　116
2005 年 4 月 22 日法　112, 113
2005 年精神能力法　18, 19, 31

初出一覧

第1部　英米法圏国家の状況

第1章　アメリカ合衆国における自殺幇助と法の支配
：カール・F・グッドマン（甲斐克則・竹之下勝司訳）「アメリカ合衆国における自殺幇助と法の支配」法律時報71巻4号（1999年）78-83頁

第2章　英国における終末期の意思決定
：シーラ・マクリーン（甲斐克則・新谷一朗訳）「英国における終末期の意思決定」ジュリスト1360号（2008年）93-97頁

第3章　自殺幇助に関するインフォーマルな法の変容——検察官のための指針——
：ペニー・ルイス（甲斐克則監訳／福山好典・天田悠訳）「自殺幇助に関するインフォーマルな法の変容——検察官のための指針」早稲田法学87巻1号（2011年）205-227頁

第4章　安楽死・自殺幇助と法——比較法的アプローチ——
：ジョージ・ムスラーキス（甲斐克則訳）「安楽死・自殺幇助と法——比較法的アプローチ」広島法学23巻1号（1999年）165-189頁

第2部　大陸法圏国家の状況

第5章　臨死介助の刑法上の問題性
：ハロー・オットー（甲斐克則・久藤克子訳）「臨死介助の刑法上の問題性」広島法学24巻2号（2000年）185-201頁

第6章　ドイツにおける臨死介助および自殺幇助の権利
：ヘニング・ローゼナウ（甲斐克則・福山好典訳）「ドイツにおける臨死介助および自殺幇助の権利」比較法学47巻3号（2014年）205-224頁

第7章　フランス法における安楽死
：クリスティアン・ビック（柿本佳美訳）「フランス法における安楽死」比較法学42巻2号（2009年）195-214頁

第3部　ベネルクス3国の状況

第8章　オランダとベルギーにおける安楽死と医師による自殺幇助
：アグネス・ヴァン・デル・ハイデ（甲斐克則・福山好典訳）「オランダとベルギーにおける安楽死と医師による自殺幇助」比較法学47巻2号（2013年）173-190頁

第9章　安楽死——ヨーロッパおよびベルギーにおけるスタンスと実務——
：リュック・デリエンス（甲斐克則・福山好典・天田悠訳）「安楽死——ヨーロッパおよびベルギーにおけるスタンスと実務」比較法学47巻1号（2013年）153-172頁

第10章　ルクセンブルクにおける臨死介助——新法の成立過程，解釈および実務——
：シュテファン・ブラウム（甲斐克則・天田悠訳）「ルクセンブルクにおける臨死介助——新法成立過程，解釈および実務」比較法学46巻3号（2013年）189-200頁

編訳者・共訳者紹介

【編訳者】
甲斐 克則（かい かつのり）
早稲田大学大学院法務研究科（法科大学院）研究科長，同教授。広島大学名誉教授。日本医事法学会代表理事，日本生命倫理学会代表理事，日本刑法学会理事。1954年生まれ。九州大学法学部卒業，九州大学大学院法学研究科博士課程単位取得，法学博士。九州大学法学部助手，海上保安大学校専任講師，同助教授，広島大学法学部助教授，同教授を経て，現職。

著書に，ペーター・タック『オランダ医事刑法の展開』（編訳，慶應義塾大学出版会，2009年），『医事刑法研究1 安楽死と刑法』（成文堂，2003年），『医事刑法研究2 尊厳死と刑法』（成文堂，2004年），『医事刑法研究3 被験者保護と刑法』（成文堂，2005年），『医事刑法研究4 生殖医療と刑法』（成文堂，2010年），『医事刑法研究5 医療事故と刑法』（成文堂，2012年），『医事法講座1 ポスト・ゲノム社会と医事法』（編著，信山社，2010年），『医事法講座2 インフォームド・コンセントと医事法』（編著，信山社，2011年），『医事法講座3 医療事故と医事法』（編著，信山社，2012年），『医事法講座4 終末期医療と医事法』（編著，信山社，2013年），『医事法講座5 生殖医療と医事法』（編著，信山社，2014年），『医事法講座6 臓器移植と医事法』（編著，信山社，2015年），『シリーズ生命倫理学5 安楽死・尊厳死』（共編著，丸善出版，2012年）ほか多数。

【共訳者】
新谷 一朗（しんたに かずあき）［第2章］
海上保安大学校准教授

福山 好典（ふくやま よしのり）［第3・6・8・9章］
姫路獨協大学法学部専任講師

天田 悠（あまだ ゆう）［第3・9・10章］
早稲田大学大学院法学研究科博士後期課程

久藤 克子（ひさふじ かつこ）［第5章］
岡山県立大学保健福祉学部教授

柿本 佳美（かきもと よしみ）［第7章］
奈良女子大学非常勤講師，同大学アジア・ジェンダー文化学研究センター研究員

著者紹介

カール・F・グッドマン(Carl F. Goodman)[第1章]
アメリカ合衆国・ニューヨーク州弁護士,ジョージタウン大学法律センター招聘教授,元広島大学教授

シーラ・マクリーン(Sheila A. M. McLean)[第2章]
イギリス・グラスゴー大学名誉教授,前「医療の法と倫理」研究所所長・教授

ペニー・ルイス(Penney Lewis)[第3章]
イギリス・ロンドン大学キングズ・カレッジ「生命倫理と法」研究所教授

ジョージ・ムスラーキス(George Mousourakis)[第4章]
ニュージーランド・オークランド大学法学部上級講師

ハロー・オットー(Harro Otto)[第5章]
ドイツ・バイロイト大学名誉教授

ヘニング・ローゼナウ(Henning Rosenau)[第6章]
ドイツ・ハレ大学法学部教授

クリスティアン・ビック(Christian Byk)[第7章]
フランス・パリ控訴院判事,比較法フランスセンター理事会委員,法・倫理・科学国際学会事務局長

アグネス・ヴァン・デル・ハイデ(Agnes van der Heide)[第8章]
オランダ・エラスムス大学メディカルセンター教授

リュック・デリエンス(Luc Deliens)[第9章]
ベルギー・ブリュッセル大学医学部教授

シュテファン・ブラウム(Stefan Braum)[第10章]
ルクセンブルク・ルクセンブルク大学法学部教授

海外の安楽死・自殺幇助と法

2015 年 11 月 14 日　初版第 1 刷発行

編訳者————甲斐克則
発行者————坂上　弘
発行所————慶應義塾大学出版会株式会社
　　　　　　〒108-8346　東京都港区三田 2-19-30
　　　　　　ＴＥＬ〔編集部〕03-3451-0931
　　　　　　　　　〔営業部〕03-3451-3584〈ご注文〉
　　　　　　　　　〔　〃　〕03-3451-6926
　　　　　　ＦＡＸ〔営業部〕03-3451-3122
　　　　　　振替 00190-8-155497
　　　　　　http://www.keio-up.co.jp/
装　丁————渡辺澪子
印刷・製本——株式会社加藤文明社
カバー印刷——株式会社太平印刷社

©2015　Katsunori Kai
Printed in Japan ISBN978-4-7664-2263-4

慶應義塾大学出版会

オランダ医事刑法の展開
安楽死・妊娠中絶・臓器移植

ペーター・タック 著／甲斐克則 編訳

緩和的鎮静と安楽死をめぐる問題，人工妊娠中絶，重度障害胎児・新生児に関わる終末期の決定，臓器提供法など，オランダにおける医事刑法の現状，議論，判例などを紹介・解説しながら，今後の医事刑法の発展を探求する。

A5判／上製／208頁
ISBN 978-4-7664-1556-8
◎4,000円　2009年7月刊行

◆主要目次◆
はしがき
第1章　オランダにおける安楽死論議の展開
第2章　オランダにおける緩和的鎮静と安楽死
第3章　オランダの要請に基づく生命終結および自殺幇助（審査手続）法採択から5年を経て
第4章　オランダにおける人工妊娠中絶
第5章　オランダ刑法における後期妊娠中絶
第6章　オランダにおける重度障害胎児および新生児に関する終末期の決定
第7章　オランダの臓器提供法に関する最近の展開
編訳者解説・あとがき

表示価格は刊行時の本体価格（税別）です。